내가 만난
아빠 하나님

내가 만난
아빠 하나님

실패한 내 이야기가 아닌 일하시는 아빠의 이야기

김진석 지음

바른북스

프롤로그

실패한 나의 이야기가 아닌,
일하시는 아빠의 이야기

이 책은 성공한 목회자의 이야기가 아닙니다. 오히려, 실패한 한 남자의 이야기입니다. 15년간 붙잡고 있던 사업은 빚더미만 남긴 채 공중분해 되었고, 자존감은 바닥을 뚫고 지하까지 내려갔습니다. 마흔셋, 세상의 기준으로 보면 무엇 하나 제대로 이룬 것 없는 완벽한 실패자였습니다.

"왜 나만?"

밤마다 독처럼 퍼져나가던 질문이었습니다. 다른 사람들은 다 제 갈 길을 잘 찾아가는 것 같은데, 왜 유독 내 인생의 항로만 이토록 캄캄하고 거친 풍랑으로 가득한지 이해할 수 없었습니다. 하나님을 향한 원망은 칼날이 되어 제 영혼을 할퀴었고, '목사는 절대 되지 않겠다.'는 다짐은 저주에 가까운 신념이었습니다.

하지만 이 이야기는, 역설적이게도, 더 이상 저의 실패에 관한 이야기가 아닙니다.

제가 주인공인 줄 알았던 제 인생이라는 무대에서, 진짜 주인공은 따로 계셨다는 것을 깨닫게 된 놀라운 여정의 기록이기 때문입니다. 넘어지고 깨진 제 삶의 조각들을 하나하나 주워 모아, 제가 상상조차 할 수 없었던 완벽한 그림으로 맞춰가시는 한 분. 제가 '아빠'라고 부르는, 살아 계신 하나님의 이야기입니다.

그분은 거창한 신학 이론이나 어려운 교리로 제게 말씀하지 않으셨습니다. 때로는 떼쓰는 아이 같은 기도에 소름 돋는 방식으로 응답하시고, 때로는 가장 두려워했던 사람의 손길을 통해 위로를 건네셨습니다. 제가 가장 없애고 싶었던 '육체의 가시'를 가장 빛나는 '선물'이라 알려주시고, 원수 같던 관계의 매듭을 풀어 '화평'의 길을 열어주셨습니다.

이 책은 바로 그 생생한 '사건'들의 기록입니다. 제가 '아빠의 신호'라고 믿는, 그분의 놀라운 일하심에 대한 진솔한 증언입니다. 저는 그저 서툰 배우일 뿐, 아빠는 언제나 완벽한 무대 감독이셨습니다. 아빠는 끊임없이 흔들리는 제게 때로는 기다림이라는 침묵으로, 때로는 용기를 주는 행동의 신호로 말씀하셨고, 저는 그 안에서 깊은 신뢰와 순종을 배우며 성장해 왔습니다.

혹시 지금, 인생의 막다른 골목에 서 계십니까? 하나님의 침묵이 원망스럽고, 내 삶은 저주받은 것 같다는 생각에 잠 못 이루고 계십니까?

이 책은 독자 여러분에게 명쾌한 정답을 제시하지 못할지도 모릅니다. 대신, 독자 여러분의 실패와 눈물 속에도 이미 세밀하게 개입하고 계시는 그분의 손길, 독자 여러분의 삶에도 이미 새겨지고 있는 '아빠의 신호'를 함께 발견해 나가는 여정이 될 것입니다. 이 여정의 끝에서, 독자 여러분의 이야기가 더 이상 실패한 독자 여러분의 이야기가 아닌, 일하시는 '아빠의 이야기'로 다시 쓰이게 되기를 간절히 소망합니다.

목차

프롤로그 | 실패한 나의 이야기가 아닌, 일하시는 아빠의 이야기

1부 세상의 끝에서 들려온 이상한 속삭임

열 번의 실패, 원망	14
건드려진 마음 깊은 곳의 '목마름'	17
"딱 한 학기만 하고 때려치울 겁니다."	21

2부 아빠의 첫 번째 사인, 떼쓰는 기도가 응답되다

줬다 뺏는 하나님?: 등록금 환불 소동	28
비명 속에 임한 응답: 요로결석과 500만 원	33
"네 몫이다.": 250만 원 간판값의 순종	37
농담 같은 기도, 소름 돋는 응답: 자동차	41
무대공포증 전도사, 스타 강사가 되다	47
족쇄가 선물이 되다: 설교학의 기적	51
"아빠, 100만 원만 주세요."	54
아빠의 맞춤 정장: "임 집사만 들더라."	57

3부 광야의 연단: 목회의 민낯을 마주하다

보성으로 가는 길: 물통과 새벽 온풍기	64
눈물의 설교, 마음을 얻는 법을 배우다	68
주보 명단 사건과 무명 헌금의 다짐	72
얼음판 같던 교회, 산더미 같던 업무	74
"그것이 너에게 준 선물, 육체의 가시니라."	76
"게임을 허락해 주세요.": 눈물 젖은 베개의 비밀	79

4부 죽음의 문턱에서 배운 사랑

"이번엔 300만 원입니다."	86
형님의 죽음, "내가 그를 오래 기다렸노라."	89

5부 내 교회를 세우리라: 개척 장소 탐방기

잃어버린 쌈짓돈, 맨손으로 시작한 광야	94
'빛가람 광야교회' 간판을 막으신 하나님	96

채워진 보증금, 가로막힌 시설비	98
"너 벌써 잊었느냐?" 내 길을 인도하시다	101
"내가 세운다." 모든 문을 여신 아빠	104

6부 빈 공간을 채우시는 손길, 예비된 만남

버스 옆자리에서 맞춰진 퍼즐 조각	108
교탁과 키보드, 그리고 권사님의 헌금	113
예언의 동역자, 그리고 권사님의 눈물	117
시행착오의 축복, 의자	120
유튜브에서 온 찬양 인도자?	124

7부 그랜드 디자인, 1,000만 원의 기적

"걱정 마, 아빠가 반드시 채워주실 거야."	130
첫 번째 조각, 동기 전도사님의 50만 원	132
두 번째 조각, 교수 목사님의 900만 원	134
마지막 조각, 아빠의 정확하심	136

8부 목사 안수, 화평의 사명으로 가는 길

꼼수와 떼쓰기: 강도사 고시의 기적	140
홍삼 세트와 '화평교회'의 탄생	144
화평의 종, 사자굴에 서다	146
가장 두려웠던 목사님의 안수기도	150
장모님의 찬양, "하나님이 세상을 이처럼…."	155

9부 삶이 예배가 되는 교회

자율성이라는 낯선 실험	162
동전 헌금과 택시기사의 눈물	163
나도 쓰레기입니다	166
실패하는 교회, 성장하는 교회	172
벙어리 냉가슴	176
나의 연약함은 주님의 선물이라	180
말씀 없는 목사?	182
보지 않고 믿는 자들의 헌신	185
신비주의와 최고의 디자이너	189

에필로그 | 이제 당신의 삶에서 아빠의 신호를 발견할 차례입니다
〈지금 여기 주님을 느껴요〉

1부

세상의 끝에서 들려온 이상한 속삭임

열 번의 실패, 원망

어둠이 내린 학원 복도, 형광등이 희미하게 깜박였다. 텅 빈 강의실의 책상들이 마치 무덤의 비석처럼 줄지어 서 있었다. 한때는 아이들의 웃음소리와 연필 소리로 가득 찼던 이 공간에, 이제는 먼지 쌓인 절망의 침묵만이 무겁게 내려앉아 있었다. 나는 원장실 의자에 깊숙이 몸을 파묻은 채, 또다시 날아온 독촉장을 멍하니 바라보았다. 열 번째였다. 지난 15년간, 희망을 품고 문을 열었던 학원들의 수이자, 처절하게 실패를 맛본 횟수였다.

처음부터 이랬던 것은 아니다. 가르치는 일이 좋았다. 아이들과 눈을 맞추고, 그들의 성장을 돕는 일에서 큰 기쁨을 느꼈다.

나름의 재능도, 능력도 있다고 믿었다. '이 길이라면 성공할 수 있겠다.' 서른다섯, 비교적 늦은 나이에 어렵게 결혼한 나는 아내에게 떳떳한 남편이 되고 싶었고, 남들처럼 보란 듯이 성공의 단맛을 보고 싶었다.

하지만 현실은 내 생각과 정확히 반대로만 흘러갔다. 희망을 품고 시작한 일은 늘 좌절로 끝이 났다. 돈을 벌고 싶었지만 빚은 눈덩이처럼 불어났고, 통장 잔고는 내 자존감과 함께 바닥을 드러냈다. 세상은 나만 빼고 모두가 잘되는 것 같았다. 길 건너 학원은 아이들로 북적였고, 아는 사람들은 사업이 번창한다는 소식을 전해왔다. 그럴 때마다 심장에 쇳덩이라도 얹힌 듯 숨이 막혔다.

"왜 나만 안되는가."

그 질문은 꼬리에 꼬리를 무는 뱀처럼 내 생각을 옭아맸다. '내가 뭔가 부족해서 그런가?' 아니, '하나님이 나를 막고 계시는 건가?' 교회를 다니고 있었지만, 복은커녕 계속되는 실패는 마치 내가 지은 죄에 대한 벌처럼 느껴졌다. 경제적 궁핍보다 더 견디기 힘들었던 것은 '실패자'라는 낙인이었다. 아내의 얼굴을 제대로 볼 수 없었고, 인정받지 못하는 삶을 사는 것 같아 죽고 싶다는 생각이 스멀스멀 기어 올라올 때가 많았다.

자연스럽게 원망의 화살은 하나님께로 향했다.

"하나님, 도대체 왜 이러십니까? 제가 뭘 그렇게 잘못했습니까? 하는 일마다 전부 막으시고 안되게 하시는 이유가 뭡니까!"

기도는 절규가 되었고, 예배당에 앉아 있어도 마음은 지옥이었다.

그런 내게 또 다른 지옥처럼 느껴지는 길이 하나 있었다. 바로 '목회'의 길이었다. 누나의 두 남편, 즉 나의 두 매형이 목사님이셨다. 나는 그들의 삶을 누구보다 가까이서 지켜보았다. 늘 재정적으로 힘들어하고, 사람들에게 상처받으면서도 웃어야 하는 그들의 고생하는 모습을 보며 진저리를 쳤다. 저것은 사람이 할 짓이 못 된다. 저것은 어마어마하게 고통스러운 일이다. 세상에서 가장 불쌍한 직업이 바로 목사다.

그래서 다짐하고 또 다짐했다. 굶어 죽는 한이 있어도, 이 실패의 구렁텅이에서 평생 허우적거릴지언정, 저 길만큼은, 저 고통의 길만큼은 절대로 가지 않으리라고. 그것은 내게 남은 마지막 자존심이자, 하나님을 향한 소리 없는 반항이었다.

건드려진 마음 깊은 곳의 '목마름'

실패의 늪에서 허우적거리는 내게, 아내와 누나의 권유는 구원의 동아줄이 아니라 나를 더 깊은 수렁으로 밀어 넣는 돌덩이 같았다. 마치 약속이라도 한 듯, 두 사람은 나를 볼 때마다 '신학' 이야기를 꺼냈다. 답답해서 찾아간 기도원에서도 늘 같은 이야기뿐이었다.

"동생, 기도해 봤는데 동생은 신학을 해야 할 사람 같아."
"여보, 당신이 하나님의 부르심을 거역하니까 지금 이렇게 힘든 것 아닐까요?"
"가르치는 은사가 있으시네요. 하나님께서 신학을 하라고 하시네요. 주의 종으로 부르시네요."

그 말들은 위로가 아닌 정죄로 들렸다. 내 속이 얼마나 썩어 문드러지고 있는지, 이 절망의 무게가 얼마나 무거운지 모르는 소리 같았다. 나는 버럭 소리를 지르며 그들의 말을 막아섰다.

"제발 그만 좀 해! 내가 지금 신학 공부 할 정신이 있어 보여? 매형들 사는 거 못 봤어? 나는 절대 그렇게 안 살아! 다시는 그 이야기 꺼내지도 마!"

내 날 선 반응에도 그들은 물러서지 않았다. 오히려 아내는 내 가슴에 비수를 꽂는 말을 던졌다. "신학 할 사람이 안 하니까 이렇게 사는 것 같다고요." 그 한마디에 나는 할 말을 잃었다. 내 모든 실패가 마치 정해진 운명인 것처럼 들려왔기 때문이다.

결국 나는 등쌀에 못 이겨 누나와 매형이 소개해 준 어느 목사님을 만나러 가는 자리에 끌려가듯 가게 되었다. 차를 타고 가면서도 마음속으로는 수십 개의 벽을 쌓아 올렸다. '또 뻔한 소리를 하시겠지. 회개하라, 순종하라… 다 듣지 않겠다.' 스스로를 방어할 날을 잔뜩 세운 채, 나는 굳은 얼굴로 약속 장소에 들어섰다.

하지만 그 목사님은 내 예상과 전혀 다른 분이었다. 그분은 나를 다그치거나 가르치려 들지 않았다. 그저 따뜻한 차 한 잔을 앞에 두고, 한참 동안 내 눈을 깊이 들여다보시더니 나지막이 물었다.

"혹시 마음 깊은 곳에서 채워지지 않는 '목마름'이 느껴지지 않으세요?"

'목마름'

그 단어가 망치처럼 굳게 닫혀 있던 내 마음의 문을 내리쳤다. 그 어떤 충고나 권면보다 강력한 한마디였다. 목사님은 이어 말했다. "마음 가장 깊숙한 곳을 한번 느껴보세요. 거기에 무엇이 있는지."

그의 말에 이끌려 눈을 감는 순간, 잊고 있던 기억의 둑이 무너져 내렸다. 23년이라는 시간의 간극을 뚫고, 스무 살의 내가 성큼 걸어 나왔다. 갓 대학 1학년이 되어 세상 모든 것이 신기하고 뜨거웠던 시절. 나는 교회에서 살다시피 했다. 주일학교 아이들의 재잘거림 속에서 교사로 서 있었고, 음정 하나 맞지 않는 아이들과 목청껏 찬양을 불렀다. 낡은 교회 봉고차의 운전대를 잡고 구석구석을 누볐고, 서툰 실력으로 성가대 가운을 입고 강단에 섰다.

그리고 가장 선명하게 떠오른 장면. 당시 목사님께서 내게 맡겨주셨던 주일학교와 중고등부 설교 시간이었다. 아이들의 초롱초롱한 눈망울 앞에서 떨리는 목소리로 하나님의 말씀을 전하던 내 모습. 그때 느꼈던 순수한 기쁨, 가슴 벅찬 감격과 보람, 내가 살아 있음을 느끼게 했던 그 가치감. 돈으로는 결코 살 수 없었던 그 충만함이 파도처럼 다시 밀려왔다.

'아….'

그랬다. 그 감정이야말로 지난 15년간 내가 단 한 번도 느껴보지 못했던 것이었다. 성공하고 싶고, 인정받고 싶었던 모든 몸부림의 근원에 바로 이 감정에 대한 그리움이 있었음을, 그 '목마름'이 있었음을 나는 그제야 깨달았다. 잿더미가 된 줄 알았던 내 마음 가장 깊은 곳에, 꺼지지 않은 불씨가 희미하게 남아 있었다.

"딱 한 학기만 하고 때려치울 겁니다."

목사님과의 만남 이후, 내 안에서는 조용한 전쟁이 시작되었다. 한쪽에서는 15년간의 실패가 남긴 냉소적인 목소리가 끊임없이 속삭였다. '겨우 감상적인 기분 하나에 속아 넘어가지 마. 현실은 아무것도 변한 게 없어. 너는 실패자야.' 하지만 다른 한쪽에서는, 까맣게 잊고 살았던 스무 살의 그 뜨거운 기억이 희미한 온기를 피워 올리고 있었다. 그 '목마름'의 정체를 알아버린 이상, 이전처럼 모든 것을 외면하고 무시할 수는 없었다.

혼란에 빠져 갈피를 잡지 못하는 내게, 둘째 누나가 마지막 결정타를 날렸다. 그것은 명령이나 강요가 아닌, 지극히 현실적이고 솔깃한 제안이었다.

"그래. 그럼 딱 한 학기만 다녀봐. 밑져야 본전이잖아. 다녀보고 진짜 아니다 싶으면 그때 그만둬도 되지 않겠어? 딱 한 학기만!"

그 순간, 꽉 막혔던 숨통이 탁 트이는 기분이었다. '그래, 그거다!' 평생의 길을 결정하라는 무거운 짐이 아니라, 딱 한 학기짜리 '체험'이라고 생각하니 마음이 한결 가벼워졌다. 실패자의 마지막 남은 자존심을 지킬 수 있는 완벽한 퇴로처럼 느껴졌다. 나는 기다렸다는 듯이 그 제안을 덥석 물었다.

나는 아내와 누나를 향해 일부러 큰소리를 쳤다. 내 결심이 얼마나 조건적이고 임시적인지를 과시하고 싶었다.

"좋아! 그럼 딱 한 학기만 해보고, 영 아닌 것 같으면 미련 없이 때려치워도 되는 거지? 약속하는 거야?"

"그럼, 그래도 되고말고!"

아내와 누나가 기다렸다는 듯 맞장구를 쳐주었다. 그 말에 용기를 내어, 마치 큰 선심이라도 쓰는 사람처럼 "어디 한번 해보자고!" 큰소리를 치며 신학대학원에 원서를 넣었다.

그리고 며칠 후, 집으로 날아온 것은 덜컥 합격했다는 통지서였다. 장난처럼 던진 돌이 정말 개구리를 맞힌 격이었다. 이제는 물러설 곳이 없었다. 그 합격 통지서를 손에 쥔 순간, 그동안의 허세와 객기는 온데간데없이 사라지고 두려움이 엄습해 왔다. 그날 밤부터, 나의 기도는 이전과 완전히 다른 것이 되었다. 하나님과의 본격적인 씨름이 시작된 것이다.

나는 텅 빈 학원, 혹은 어두운 방 안에서 홀로 무릎을 꿇었다. 더 이상 원망 섞인 불평이 아니었다. 내 영혼을 걸고 벌이는 처절한 질문이었다.

"하나님, 나 진짜 신학 해야 되는 사람인가요? 나 정말 하나님이 보내시는 것 맞나요? 하나님이 이 일을 나한테 맡기신 거 맞나요?"

"맞다면, 제발 나에게 알게 해주세요. 나에게 주님의 음성을 듣게 해주세요. 듣는 마음을 주세요. 나도 주님의 뜻을 명확히 알고 싶습니다."

"하나님, 이제 더 이상 실패와 좌절은 겪기 싫어요. 너무 힘듭니다. 만약 이 길이 나의 길이 맞다면, 의심할 수 없도록 확실히 보여주세요. 확실히 알려주세요. 제발 알고 싶어요."

기도는 울음이 되었고, 울음은 부르짖음이 되어 밤마다 터져 나왔다. 나의 모든 것을 건 이 간절한 기도에, 아빠 하나님께서는 당신만의 방식으로, 하나씩 응답하기 시작하셨다. 그리고 들어도 듣지 못하고 보아도 보지 못했던 그 내가 듣게 되고 보게 되는 놀라운 기적이 시작되었다.

2부

아빠의 첫 번째 사인,
떼쓰는 기도가 응답되다

줬다 뺏는 하나님?:
등록금 환불 소동

2017년, 신학대학원 합격 통지서를 손에 쥐었지만 기쁨은 잠시였다. 당시 나의 경제 상황은 파산 직전이었다. 여러 사업의 실패로 쌓인 빚은 이자 내기도 버거운 수준이었고, 당장 다음 달 생활비를 걱정해야 할 처지였다. 이런 상황에서 몇백만 원에 달하는 등록금은 그야말로 넘을 수 없는 거대한 산처럼 보였다.

나는 하나님께 따져 묻기 시작했다.

"하나님, 가라고 하셨으면 책임지셔야 하는 것 아닙니까? 불러 놓고 등록금 하나 해결 안 해주시는 게 어디 있습니까?"

하지만 등록금 마감일은 속절없이 다가왔고, 내 통장은 비어 있었다. 하루하루 피가 마르는 것 같았다. 결국 초조함을 이기지 못하고, 나는 자존심을 접은 채 신대원도 학자금 대출이 된다는 사실을 알아내 신청서를 작성했다. 기적을 바라던 내 믿음이 고작 대출금 앞에서 무너지는 것 같아 스스로가 한심했지만, 달리 방법이 없었다.

그런데 대출금으로 등록금을 납부하고 정확히 이틀이 지난 후였다. 강의 중에 모르는 번호로 계속 전화가 왔다. 쉬는 시간에 전화를 받으니, 신대원 행정실이었다.

"김진석 전도사님이시죠? 등록금이 이중으로 납부되어서요. 환불해 드릴 테니 계좌 번호 좀 알려주세요."

순간 귀를 의심했다. 환불이라니. 이게 무슨 소리인가. 전화를 끊고 나서야 상황이 파악되기 시작했다. '아! 하나님께서 내 기도를 들으시고 정말 등록금을 해결해 주셨구나! 누군가 나도 모르게 등록금을 내주신 거구나!'

심장이 미친 듯이 뛰었다. '이틀만 더 버텨볼걸! 대출 괜히 받았네!' 억울함마저 기쁨으로 느껴졌다. 역시 이 길은 하나님께서 인도하시는 길이 맞았다. 의심의 안개가 걷히고 확신이 솟아올랐다. 나는 뛸 듯이 기뻤고, 세상을 다 얻은 듯 자신감이 넘쳤다.

이 넘치는 자신감은 곧장 사역으로 이어졌다. 당시 나는 개척한 지 얼마 안 된 작은 교회를 섬기고 있었는데, 재정이 어려워 예배당 인테리어는 엄두도 못 내는 상황이었다. 나는 하나님께 담대하게 기도했다.

"하나님, 저에게 재정을 허락하셨으니, 이 돈으로 교회 인테리어 비용을 제가 충당하겠습니다!"

나는 환불될 등록금을 믿고, 없는 돈을 짜내 폼 벽지와 장판을 사서 직접 교회를 꾸미기 시작했다. 하나님께서 주신 돈을 하나님의 집에 쓰는 것이 당연하다고 생각했다.

하지만 아무리 기다려도 환불 소식은 없었고, 돈은 입금되지 않았다. 뭔가 이상하다는 생각에 학교에 확인 전화를 했다. 수화기 너머로 들려온 담당자의 목소리는 무심하고 건조했다.

"아, 전도사님. 그거 연락 못 받으셨어요? 저희 행정실 착오였습니다. 이중 납부 아니었어요."
"…네?"
"전산 오류였던 것 같습니다."

사과도 없이 뻔뻔하게 말하는 그 목소리에 머릿속이 하얘졌다. 황당함을 넘어 분노가 치밀었다. 그럼 내가 지금까지 붙잡았던 그 기쁨과 확신은 전부 뭐였단 말인가. 교회 인테리어에 쓴 돈은 또 어떡하고.

'나 바보인가? 나 혼자 착각해서 이 난리를 친 거였어?'

자책감이 온몸을 짓눌렀다. 그리고 그 모든 감정의 끝에서, 원망의 화살이 다시 하나님을 향해 날아갔다. 나는 그날 밤, 소리 없는 절규로 하나님께 대들었다.

"하나님! 지금 저 데리고 장난하신 겁니까? 세상에서 제일 기분 나쁜 게 뭔지 아세요? 줬다 뺏는 겁니다! 어떻게 저한테 이러실 수 있습니까! 이게 무슨 희망고문입니까!"

"내 아들아! 내가 너의 기도를 들었다. 그것이 너의 기도에 대한 나의 응답이었느니라. 너는 나에게 등록금을 구했지만 내가 너를 향해 준비한 것은 따로 있었단다. 그러나 너의 그 간절한 기도를 외면할 수 없어서 내가 그렇게 응답했단다. 아들아!"

아빠의 수업은 그렇게 시작되고 있었다. 나의 짧은 생각과 섣부른 확신을 완전히 무너뜨리고, 도저히 이해할 수 없는 그분의 방식을 가르치기 위한, 길고도 아픈 수업의 첫 장이었다. 이 사건을 계기로 나는 아버지의 뜻에 관심을 갖기 시작했다. '그렇다면 아버지의 뜻을 미리 알고 거기에 맞춰 기도한다면, 언제나 정확한 응답을 받을 수 있지 않을까?' 이 사건을 계기로 나는 아버지의 뜻을 구하는 기도의 비밀을 갈망하게 되었다.

비명 속에 임한 응답:
요로결석과 500만 원

'**줬**다 뺏는 하나님'을 향한 원망과 분노는 쉬이 가라앉지 않았다. 하지만 현실은 현실이었다. 교회 벽지를 둘째 누나와 계속 붙여나가고, 칸막이 공사도 둘째 매형하고 계속해 나갔다. 담임목사님은 매형 인건비며 재료비를 주시지 않았다. 답답해서 나라도 돈이 있으면 이것부터 해결하고 싶었다. 그러나 돈이 없어서 자주 가서 돕는 것 외에는 방법이 없었다. 나는 더 이상 기쁘고 자원하는 마음이 아니었다. 그날도 어쩔 수 없이, 욱여넣듯, 그저 책임감 하나로 짐을 챙겨 또 교회로 향했다.

그런데 집을 나서 현관문을 여는 바로 그 순간, 단 한 번도 경험해 보지 못한 고통이 내 몸을 덮쳤다.

"으윽…!"

마치 누군가 시뻘겋게 달군 칼로 배를 쑤시는 듯한 통증이었다. 숨을 쉴 수 없었다. 하늘이 노랗게 변하고, 온 세상이 빙글빙글 돌았다. 나는 그 자리에 그대로 주저앉아 버렸다. 아내의 비명 소리가 멀리서 들리는 것 같았다. 정신을 차려보니 나는 바닥을 기고 있었다. 고통이 너무 극심해서, 내 의지와는 상관없이 입에서는 비명과 함께 한 단어가 터져 나왔다.

"119! 119 좀!"

구급차에 실려 도착한 응급실은 나로 인해 아비규환이 되었다. 나는 침대 위를 뒹굴며 소리를 질렀고, 의사와 간호사들은 분주하게 움직였다. 온갖 검사가 진행되는 동안, '왜 하필 지금인가, 학교도 가야 하고 할 일도 태산인데 이게 무슨 마른하늘에 날벼락인가.' 하는 생각에 절망스러웠다.

병원에 가서 검사 결과를 기다릴 때 아마 평생 찾을 주님을 다 찾았던 것 같다. 원망의 대상이었던 그 이름을, 나는 생존을 위해 본능적으로 부르짖고 있었다.

"주여! 주여! 제발 살려주세요!"

얼마 후, 검사 결과가 나왔다. 남자들에게는 그 고통으로 악명이 자자하다는 '요로결석'이었다. 곧바로 진행된 초음파 쇄석술을 받고서야 지옥 같던 고통에서 겨우 해방될 수 있었다. 병원 침대에 누워 멍하니 천장을 바라보는데, 웃어야 할지 울어야 할지 모를 일이 벌어졌다.

잊고 있던 보험 때문이었다. 여러 사업을 거치며 가지고 있던 보험은 다 해지했지만, 딱 하나, 해지 직전의 낡은 보험을 겨우 유지하고 있었던 것이다. 그리고 그 보험에서, 이번 요로결석 수술로 보험금 500만 원이 지급된다는 연락이 왔다.

500만 원.

그 숫자를 듣는 순간, 흩어져 있던 모든 조각이 맞춰지며 정신이 번쩍 들었다.

등록금 환불 소동. 그것을 믿고 시작했던 교회 인테리어. 그리고 그것을 감당할 수 없어 절망했던 나. 아, 이것이었구나. 이것이 아빠의 방식이었구나.

나는 할 말을 잃었다. 비록 그 방법이 내 마음에 쏙 드는, 우아하고 평안한 방식은 아니었지만, 하나님은 나의 비명 소리 속에서 응답하고 계셨던 것이다. 나의 가장 연약하고 처절한 순간을 통해, 가장 정확한 때에, 가장 정확한 금액을 채우고 계셨다.

고통의 터널을 지나고 나서야, 나는 아빠의 기막힌 수업 방식을 조금씩 이해하기 시작했다. 그분은 때로 우리의 예상을 완전히 뒤엎는 방식으로, 심지어 우리의 고통까지도 사용해서 당신의 약속을 신실하게 지켜내시는 분이었다.

"네 몫이다":
250만 원 간판값의 순종

요로결석의 끔찍한 고통 끝에 손에 쥔 500만 원. 나는 이 기막힌 응답에 혀를 내두르며, 가장 먼저 해결하고 싶었던 교회 인테리어 비용을 해결했다. 폼 벽지와 장판, 인건비 등 그동안 외상으로 가져왔던 자잿값을 치르고 나니, 내 통장에는 정확히 250만 원이 남아 있었다. 한숨 돌릴 수 있는 돈이었다. 당장의 생활비나 밀린 이자를 갚는 데 보탤 수 있는, 그야말로 피 같은 돈이었다.

그렇게 다시 학교를 다니며 일상으로 돌아가려 애쓰던 어느 날, 모르는 번호로 전화가 걸려 왔다.

"여보세요? 저 간판 사장입니다."
"네? 간판 사장님이요? 저한테는 무슨 일로…."

나는 어리둥절했다. 간판은 내가 섬기는 교회의 담임목사님께서 진행한 일이었다. 사장님은 다짜고짜 하소연을 늘어놓았다. 담임목사님께서 간판 대금을 계속 미루고 계시니, 전도사님이 어떻게 좀 도와달라는 것이었다. 그 말을 듣는 순간, 속에서 짜증이 확 치밀어 올랐다.

'아니, 이걸 왜 나한테 말하는 거야? 담임목사님이 해결하실 일을… 내 전화번호는 또 어떻게 안 거야?'

이 당시 나는 담임목사님의 처신에 불만이 많았다. 교회가 있는 건물에 들어간 것도 불편했지만, 인테리어 대금부터 자잿값 등을 계속 미루셨기 때문이다. 불편한 기색을 감추지 못하고 전화를 끊으려던 바로 그 순간이었다. 또다시 익숙한 감동, 거부할 수 없는 하나님의 음성이 내 마음을 강하게 울렸다.

"그거 간판값 네가 내라. 네 몫이다."

나는 속으로 대들었다. '하나님, 이건 아니죠! 제가 이 돈을 어떻게 마련했는지 뻔히 아시면서 이러십니까? 이건 제 책임이 아니잖아요!' 하지만 하나님의 감동은 단호했다. 마치 내가 순종하는지 지켜보시겠다는 듯했다. 나는 마지못해, 정말 혹시나 하는 마음에 사장님께 물었다.

"그래서… 간판 금액이 정확히 얼마인데요?"
"예, 250만 원입니다."

250만 원. 내 통장에 남아 있던, 피눈물과 함께 얻은 바로 그 금액이었다. 온몸에 힘이 쭉 빠졌다. 아, 이건 도저히 못 도망가 겠구나. 하나님께서 파놓으신 완벽한 그물에 걸려든 기분이었다. 그래도 마지막 자존심이 남아 한 번 더 따져 물었다.

"하나님, 이거 다 털어 넣으면 제 수중에는 이제 한 푼도 없습니다. 어떻게 책임지실 건데요? 예?"

그때, 하나님께서 내 마음속 기억을 환하게 비추셨다.

"너 잊었느냐? 내가 그 집사님을 통해서 너에게 차를 주는 것, 그게 이거보다 더 큰 것이 아니냐? 더 큰 것을 받을 터인데, 이것도 못 하겠느냐?"

할 말을 잃었다. 앞서 경험했던, 그리고 앞으로 받게 될 더 큰 은혜를 상기시켜 주시니, 눈앞의 250만 원에 연연하던 내 모습이 너무나 부끄러웠다. 나는 그 자리에서 바로 사장님에게 통장

번호를 받았고, 학교로 가는 길에 남은 돈 전부를 이체해 버렸다. 통장 잔고는 '0'이 되었지만, 마음은 이상하게 평안했다.

 이때부터 나는 하나님의 마음, 아빠의 수업 방식을 조금씩 배워가기 시작했다. 그 공식은 이것이었다. 이것은 나중에 화평교회 예배당 인테리어라는 더 큰 선물로 돌아왔다. 여기서 내가 했던 도배는 화평교회 도배로 돌아왔고 애썼던 인테리어와 모든 일들은 화평교회 인테리어로 돌아왔다. 그러나 이때는 그런 미래가 기다리고 있을 줄은 상상도 하지 못했다.

 하나님께서는 우리에게서 빼앗아 가는 분이 아니시다. 가장 작은 순종을 요구하시고, 그것을 인정해 주시고 가장 큰 것을 선물로 주신다. 그리고 그 모든 과정을 하나님께서 이루셨음에도, 마치 우리가 믿음으로 무언가를 이룬 것처럼 느끼게 해주신다. 늘 가장 작은 순종이 가장 큰 것처럼 우리를 칭찬해 주신다. 자녀의 자존감을 세워주시려는 아버지의 사랑. 나는 그 깊은 사랑을 점차 깨닫게 되었다. '한 학기만 해보겠다.'며 호기롭게 신학을 시작했던 나는 그렇게 점점 하나님 은혜에 사로잡혀 갔다.

농담 같은 기도,
소름 돋는 응답: 자동차

신학교에서의 기쁨과는 별개로, 나주 집에서 광주 학교까지 매일 왕복해야 하는 통학길은 고역이었다. 문제는 나의 낡은 승용차였다. 언제 길 위에서 멈춰 설지 모르는 시한폭탄과도 같아서, 나는 매일 아침 차에 오를 때마다 불안한 마음으로 시동을 걸어야 했다.

그러던 어느 날, 등록금 문제가 해결되었다는 착각(?)으로 자신감이 한껏 붙었던 나는, 자동차 문제도 하나님께 따지듯 기도하기 시작했다. 마침 간증 영상에서 김○○ 간사님이 기도해서 차를 받았다는 내용을 본 참이었다.

"아빠! 저 간증 영상 봤습니다. 그분도 하나님 자녀고, 저도 하나님 자녀 아닙니까? 저도 신학 하라고 부르셨으면 자동차는 책임져 주셔야죠! 기왕 주실 거면 좀 좋은 걸로, 번쩍거리는 걸로 주십시오!"

기도를 하고 있는 나 자신이 우스워서 피식 웃음이 나왔다. 정말 하나님께 이렇게 떼를 써도 되는 건가 싶었다.

며칠 뒤, 그 기도가 무색해지는 사건이 벌어졌다. 아는 집사님 딸의 결혼식에 가는 길이었다. 마침 옆 차선으로 번쩍이는 고급 승용차가 쌩하고 지나갔다. 나는 자신만만하게 아내에게 큰소리쳤다.

"여보, 잘 봐둬! 우리 아빠가 저 차보다 더 좋은 차로 바꿔주실 거야. 두고 보라고. 조만간 꼭 주신다니까!"

아내는 무슨 실없는 소리를 하냐는 듯 황당한 표정을 지었다. 예식장 주차장에 도착하자, 아내는 우리 차가 부끄럽다며 구석진 곳에 주차하자고 했다. 나는 "부자 하나님이 우리 아빤데 뭐가 부끄러워!"라며 일부러 가장 잘 보이는 입구 쪽에 당당히 차를 댔다.

그런데 예식이 끝나고 나오던 우리 눈에, 믿을 수 없는 광경이

펼쳐졌다. 하필이면 우리 차가 주차된 바로 맞은편에, 내가 잘 아는 집사님이 서 계셨다. 그리고 그 집사님 뒤에는, 방금 막 출고된 듯 번쩍거리는, 생전 처음 보는 멋진 새 차가 세워져 있었다. 그 눈부신 광채 앞에, 방금 전까지 당당했던 내 모습은 온데 간데없이 사라지고 갑자기 상대적으로 심하게 초라한 내 차가 부끄러워졌다.

"여보, 우리 저기 잠깐만 숨어 있자. 저 집사님 출발하면 그때 가자."

나는 아내와 아들을 기둥 뒤로 이끌었다. 하지만 집사님은 누군가를 기다리는지 도무지 차에 탈 기미를 보이지 않았다. 더 이상 기다릴 수 없어, 나는 그 집사님의 눈을 피해 가족들을 재촉했다. "빨리, 빨리 타!" 다행히 들키지 않고 차에 올라타 안도의 한숨을 내쉬는 순간, 저쪽에서 집사님의 아내 되시는 분이 우리 차를 향해 막 달려오는 것이 보였다. 나는 모른 척 고개를 숙이고 시동을 걸었다. 그때, 누군가 내 차 문을 '똑똑' 두드렸다. 얄밉게도, 창문 너머로 그 여집사님이 환하게 웃고 있었다. 이 여자 집사님이 앞으로 나의 신학 여정에 계속 함께해 주실 임 집사님이다. 나는 지금도 '나라면 그 상황에 임 집사님처럼 그렇게 할 수 있을까?'라는 생각을 하며 살고 있다.

이제는 도망갈 수도 없었다. 당황하며 창문을 내리자, 임 집사님은 아까 주는 걸 깜박했다며 아들에게 용돈을 건네주었다. 멀리서 아들에게 용돈을 주려고 달려와 준 고마운 집사님이었지만, 나는 도저히 제대로 된 감사 인사를 할 수가 없었다. 얼굴이 화끈거려 그대로 차를 몰고 도망치듯 집으로 돌아왔다. 아내 앞에서 큰소리쳤다가 망신만 제대로 당한 꼴이었다.

그렇게 부끄러운 토요일이 지나고 월요일 오후, 바로 그 임 집사님에게서 전화가 왔다. 토요일의 악몽이 떠올라 받을까 말까 망설이다 겨우 전화를 받았다. 집사님은 내 마음을 아는지 모르는지, 흥분된 목소리로 새벽기도 중에 겪은 일이라며 이야기를 시작했다.

기도 중에 문득 '전에 전도사님 차 분명 새 차였는데, 왜 그날은 낡은 차를 타고 오셨지?'라는 생각이 들었는데, 바로 그 순간 하나님께서 너무나 선명하게 말씀하시더라는 것이었다.

"네가 남편에게 받은 그 새 차를 내 종 김진석 전도사에게 주어라. 그에게 차가 필요하다."

동시에 머릿속에서 몇 년 전에 보았던 간증 영상 하나가 계속해서 떠올랐다고 했다. 바로 내가 기도 중에 하나님께 따지며 말했던, 그 김○○ 간사님이 차를 받는 간증 영상이었다. 집사님은 오히려 내게 물었다. "전도사님, 이상해요. 그 영상은 오래전에

본 건데, 왜 자꾸 김○○ 간사님이 떠올랐을까요?"

그 이야기를 듣는 순간, 나도 모르게 눈에서 눈물이 주르륵 흘러내렸다. 이럴 수가. 하나님께서 정말 내 기도를 들으셨구나. 그 누구도 모르는, 나만 아는 기도 내용까지 정확하게 알고 응답하셨구나. 나는 부끄러움을 무릅쓰고 토요일 예식장에서 있었던 일을 전부 털어놓았다. 내 거짓말 같은 이야기에 임 집사님도, 나도 전화기 양쪽에서 함께 놀랐다.

임 집사님은 자기도 왜 하나님께서 그런 마음을 주셨는지 너무 궁금해서 물었다고 했다. "하나님, 김진석 전도사님은 하나님께 어떤 사람인가요?" 그러자 하나님께서 이렇게 대답해 주셨다고 한다.

"그는 내가 택한 나의 종이다. 또한, 내 마음을 시원케 하는 자다."

'내 마음을 시원케 하는 자'. 그 한마디에 지난 15년간 비뚤어지고 상처받았던 내 마음이 일순간에 녹아내렸다. 어마어마한 감동이 밀려와 날아갈 것만 같았다. 하지만 기쁨도 잠시, 덜컥 겁이 났다. 그 새 차는 남편 집사님이 아내에게 사준 지 2주도 안 된 차였다. 내가 덥석 받았다가는 '순진한 마누라 꼬셔서 차 빼앗아 갔다.'며 멱살을 잡힐 것만 같았다. 나는 마음만 받겠다며 거듭 사양하고 전화를 끊었다.

그런데 집에 들어서는 순간, 마음을 울리는 엄격한 감동이 찾아왔다. '네가 어떻게 내가 허락한 것을 네 마음대로 거절하느냐? 내가 그를 통해 너에게 차를 주는 것은 그의 복을 위해서인데, 왜 그의 기회를 네가 빼앗느냐?'

나는 너무 놀라 다시 임 집사님에게 전화를 걸었다. 그리고 이 모든 과정을 설명드린 후, 여러 과정을 거쳐 내 형편에 꼭 맞는 차를 선물로 받게 되었다.

이것은 단순한 자동차가 아니었다. 나의 가장 깊은 기도, 가장 부끄러운 순간, 그리고 가장 간절한 필요를 모두 알고 계시는 아빠의 사랑이었다. 하나님은 그렇게 또 하나의 명확한 사인으로, 당신의 살아 계심을 내 삶에 깊이 새겨 넣고 계셨다.

무대공포증 전도사,
스타 강사가 되다

'**한** 학기만 버티자.'

신학대학원 강의실에 처음 앉던 날, 나는 주문처럼 그 말을 되뇌었다. 마흔셋의 나이, 15년간의 실패에 찌들어 버린 패배감, 그리고 무엇보다 지긋지긋하게 싫어했던 '공부'. 내 주위에는 의사, 교수, 박사, 교사 등 사회적으로 훌륭한 전도사님들이 많았고, 책상 위에 놓인 두꺼운 신학 서적들은 마치 외계어처럼 보였다. '내가 이 나이에 무슨 부귀영화를 누리겠다고 여기에 앉아 있나.' 한숨이 절로 나왔다. 모든 것이 낯설고, 버겁고, 도망치고만 싶었다.

그런데 이상한 일이 벌어지기 시작했다.

하나님께 '확실한 증거'를 보여달라고 매달린 지 며칠 지나지 않았을 때였다. 그날도 무거운 몸을 이끌고 학교에 갔는데, 교수님의 강의 내용이 이상할 정도로 귀에 쏙쏙 들어왔다. 아니, 들어온다기보다 이미 알고 있는 내용을 확인하는 듯한 기묘한 느낌이었다. 마치 어젯밤 누군가가 내 머릿속에 그날 배울 내용을 미리 예습이라도 시켜준 것처럼, 복잡한 교리와 신학자들의 이름, 그 사상의 흐름이 명쾌하게 정리되었다.

처음엔 우연이라 생각했다. 하지만 그 현상은 매일같이 반복되었다. 아침에 눈을 떠 그날의 강의 계획서를 훑어보기만 해도, 핵심 내용과 그 원리가 섬광처럼 머릿속을 스치며 깨달아졌다.

그 깨달음은 강의실에서 빛을 발했다. 나는 더 이상 뒷자리에 주눅 든 채 앉아 있는 학생이 아니었다. 교수님의 심도 있는 질문에, 내 입에서는 나조차 놀랄 만큼 깊이 있는 대답이 흘러나왔다.

가장 극적인 변화는 발표 시간에 찾아왔다. 나는 사람들 앞에 서면 머리가 하얘지고 목소리가 떨리는 무대공포증이 있었다. 그런데 내 순서가 되어 쭈뼛거리며 강단 앞으로 나아가는 순간, 이전과는 전혀 다른 일이 일어났다. 두려움으로 요동치던 심장이 고요해지고, 그 빈자리를 뜨거운 평안과 자신감이 채웠다.

마치 다른 사람이 내 안에 들어와 조종이라도 하는 것처럼, 내 입에서는 막힘없는 말들이 쏟아져 나왔다. 딱딱한 신학 이론을 일상의 쉬운 비유로 풀어냈고, 때로는 유머를 섞어가며 좌중을 집중시켰다. 발표를 하는 나 자신이, 내 모습을 신기하게 구경하는 관객이 된듯한 기분이었다. 내 안에서 나도 모르는 힘과 지혜가 폭포수처럼 넘쳐흐르고 있었다.

내 기상천외한 발표에 동기들은 열광했다. 수업이 끝나면 그들은 나를 둘러쌌다.

"전도사님, 아까 그 내용 다시 한번만 설명해 주세요."
"전도사님 강의를 들으니 이제야 이해가 되네요!"
"교수님이 가르쳐 주실 때보다 이해가 더 잘돼요."

나는 기꺼이 그들을 위해 작은 칠판 앞에 섰다. 어느새 나는 공부에 어려움을 겪는 동기들을 위해 '시험 대비 특강'을 진행하는 스타 강사가 되어 있었다.

그리고 그들의 인정과 칭찬 속에서, 나는 지난 15년간 잃어버렸던 것을 되찾고 있었다. 바로 '자존감'이었다. 실패자, 무능한 가장, 인정받지 못하는 남편이라는 그림자는 서서히 옅어졌고, 그 자리에는 동기들의 존경과 사랑이 따스하게 스며들었다. 얼마 후 나는 동기들의 압도적인 지지로 과대표까지 맡게 되었다.

내 인생에서 이렇게 많은 사랑과 인정을 받아본 경험이 있었나. 모든 것이 꿈만 같았다. 나는 비로소 깨닫고 있었다. 이것이 바로 '확실히 보여달라.'던 나의 절규에 대한, 아빠 하나님의 첫 번째 응답이자, 부인할 수 없는 '사인'이라는 것을.

족쇄가 선물이 되다:
설교학의 기적

신학교 1학년 2학기, 나에게 가장 큰 족쇄로 다가온 과목은 '설교학'이었다. 강의를 맡으신 김 교수님은 깐깐하기로 학교에 소문이 자자했다. 특히 1차 설교 원고 심사를 통과한 사람이 거의 없을 정도로 그 기준이 높다는 소문은 1학년인 우리에게까지 파다했다.

무엇보다 설교학은 자유로운 영혼이었던 나를 힘들게 했다. 정해진 형식과 틀에 맞춰 글을 써야 한다는 것이 마치 자유를 빼앗기는 느낌이었다. 그러나 나보다 더 힘들어하는 것은 동기들이었다. 대부분 50대가 넘는 동기들은 설교 원고 작성에 큰 어려움을 느끼며 걱정이 태산 같았다. 그들의 도움을 구하는 간절한 눈빛을 외면할 수 없었다. 과대표로서, 또 그들에게 받은 사랑에 보답하기 위해서라도 어떻게든 돕고 싶었다.

하지만 나에게는 치명적인 약점, 바로 난독증이 있었다. 책을 읽으면 줄과 단어가 뒤섞여 보이고 도저히 집중할 수가 없었다. 이것은 내가 신학을 그토록 피했던 결정적인 이유이기도 했다. 그런 내가 설교학 책을 붙들고 씨름을 시작했다. 안 읽히는 책을 읽고 또 읽고, 교수님 강의에 최고의 집중을 유지하며 교수님이 강의하시는 설교의 본질과 핵심을 파고들었다.

그러다 보니 놀라운 능력이 생겼다. 바로 '상대방이 원하는 것을 정확히 찾아내는 능력'이었다. 교수님께 합격하기 위해서는, 내가 쓰고 싶은 글이 아닌 교수님이 원하는 형식과 논리를 그대로 구현해야 했다. 나는 나를 비우고, 마치 김 교수님 자신이 된 것처럼 생각하고 글을 쓰기 시작했다.

처음에는 동기들이 스스로 원고를 쓰도록 돕고자 했지만, 그것은 불가능한 미션이었다. 각자 힘들게 쓴 원고를 수정하는 것은 더 큰 저항을 불렀다. 결국 나는 방향을 바꾸었다. 마감일까지 거의 일곱 명에 달하는 동기들의 설교 원고를 내가 대신 써주다시피 했다. 물론, 중요한 대목에서만이었다. 여러 본문을 넘나들며 각기 다른 설교를 그 까다로운 형식에 맞춰 써내는 일은 고역이었지만, 한 편 한 편 완성해 나갈수록 나에게도 설교의 맥을

짚는 귀한 훈련의 시간이 되었다.

결과는 기적과 같았다. 우리 1학년, 특히 나의 도움을 받은 동기들은 거의 전원이 1차 원고 심사에 합격했다. 반면 우리에게 도움을 받지 않은 동기들과 2학년 선배들은 대부분 탈락했다. 심사 기준은 글의 유려함이 아니라, '교수님의 의도와 형식을 얼마나 정확하게 따랐는가.'였기 때문이다.

이 설교학에서의 고된 경험은 내게 최고의 선물이 되었다. 상대방의 의도를 파악하고, 나를 비워 그 사람의 마음으로 생각하는 훈련. 이것은 훗날 '아버지의 마음'을 헤아리고, 예수님의 마음으로 설교하는 목회자가 되는 데 가장 결정적인 밑거름이 되었다. 아빠 하나님은 그렇게, 가장 싫었던 족쇄를 통해 가장 필요한 능력을 내게 선물하고 계셨다.

"아빠, 100만 원만 주세요."

신학교에서 하나님의 살아 계심을 체험하며 자신감을 얻어가던 어느 날, 문득 처남 생각이 났다. 당시 처남은 경찰 시험을 준비하고 있었다. 장모님과 처남은 경제적으로 어려운 내가 신학을 하는 것을 불안해했지만, 나는 그를 위해 무언가 해주고 싶었다. 시험 준비로 지쳐 있을 그에게 힘이 될만한 용돈이라도 쥐여주고 싶었다.

하지만 내 주머니는 늘 비어 있었다. 그래서 나는 또다시 아빠에게 손을 벌렸다. 이번에는 더 구체적이고 단순하게, 마치 어린아이가 아빠에게 떼를 쓰듯 기도했다.

"아빠, 저 처남에게 100만 원 주고 싶어요. 딱 100만 원만 주세요."

그리고 바로 그날이었다. 모든 강의를 마치고 집에 가려는데, 동기 중에 장로님 한 분이 나를 조용히 부르셨다.

"김 전도사님, 잠깐만요."

장로님은 하얀 봉투 하나를 내게 내미셨다.

"오늘 제가 차를 고쳤는데, 생각했던 것보다 수리비가 훨씬 적게 나왔지 뭡니까. 그래서 딱 100만 원이 남았는데, 이상하게 자꾸 전도사님 생각이 나더군요. 이거 그냥 전도사님께 드리고 싶어서요. 하나님의 뜻인 것 같습니다."

봉투를 받아 드는데 손이 덜덜 떨렸다. 소름이 돋았다. 어떻게 기도를 드리자마자, 바로 그날, 정확히 그 금액을, 이런 방식으로 주실 수 있단 말인가. 나는 감사하다는 말만 겨우 반복하며 봉투를 받았다.

그날 나는 집으로 가지 않고, 곧장 처남에게 달려갔다. 아직 온기가 남아 있는 봉투를 처남의 손에 쥐여주었다. 당연히 처남은 손사래를 치며 받지 않으려 했다.

"아닙니다, 매형. 매형도 힘드신데 제가 어떻게 이걸 받아요."
"아니야, 이건 내 돈이 아니야. 정말이야. 오늘 아침에 내가 자네 생각 하면서 우리 하나님 아빠한테 달라고 기도했는데, 아빠가 주신 선물이야. 이건 내 돈이 아니라, 하나님이 자네에게 주시는 거네."

내 간곡한 눈물의 설명에 처남은 마지못해 봉투를 받았다. 그날의 감격은 지금도 잊을 수가 없다. 하나님께서는 나의 작은 마음의 소원까지도 들으시고, 가장 멋진 방법으로 응답하심으로써 '주는 기쁨'이 얼마나 큰지를, 그리고 '주시는 아빠'의 사랑이 얼마나 세밀한지를 가르쳐 주고 계셨다.

아빠의 맞춤 정장:
"임 집사만 듣더라"

2019년 2학기, 해외 단기 선교를 마치고 그 경험을 간증하게 된 날 아침이었다. 중요한 자리이니만큼, 아내는 내게 정장을 입고 가라고 했다. 그 한마디에 나는 속으로 인상을 썼다.

15년간의 사업 실패와 스트레스로 살이 찐 내게, 결혼할 때 맞춘 낡은 정장은 고문 기구와도 같았다. 숨 막히는 와이셔츠 깃, 잠기지 않는 재킷 단추는 생각만 해도 끔찍했다. 오전 신학 강의를 듣고 오후까지 이 옷을 입고 버티다 간증을 갈 생각을 하니 도저히 입을 엄두가 안 났다.

"그냥 이 재킷만 입고 가면 안 될까?"
"여보! 오늘 얼마나 중요한 날인데 그래요. 제발요."

결국 아내는 울음을 터뜨렸고, 그 모습에 내 마음도 무너졌다. 서운함이 속에서 폭발하는 것이 느껴졌다. '내 마음도 모르면서. 넥타이 매는 건 또 얼마나 불편한 줄 알아? 그냥 쭉 올리기만 하면 되는 그런 지퍼 넥타이라도 하나 있으면 좋겠다.'

차마 아내에게 내색은 못 하고 무거운 마음을 겨우 진정시키고 집을 나섰다. 굳은 얼굴로 차에 올라 운전대를 잡는 바로 그 순간, 전화벨이 울렸다. 임 집사님이었다.

"전도사님, 어디세요? 혹시 가시는 길에 잠깐 뵐 수 있을까요?"

그동안의 경험으로 직감했다. '아, 이거 뭔가 또 있구나.' 나는 묻지도 따지지도 않고 약속 장소인 주차장으로 향했다. 도착해 보니 나를 기다리는 집사님의 손에는, 길고 검은 양복 가방이 들려 있었다. 설마 하는 마음으로 다가가자 집사님이 활짝 웃으며 말했다.

"양복이에요, 전도사님. 오늘 하나님께서 이거 전도사님 사드리라고 하셨어요."

나는 그 자리에 얼어붙었다. 집사님의 말은 계속 이어졌다. 오늘 새벽에 기도하는데, 하나님께서 '오늘 김 전도사가 양복이 필요하다.'시며 구체적인 옷 가게 위치까지 알려주시더라는 것이었다.

"그래서 아침부터 가서 이 양복을 샀어요. 전도사님 사이즈를 몰라서 남자 직원분에게 최대한 설명하면서 골라달라고 했고요. 넥타이도 그분이 추천해 주신 걸로 골랐답니다. 우리 남편에게도 이렇게는 해보지 못했는데요. 호호."

나는 또 울었다. 그 세심한 사랑에, 도저히 인간의 생각으로는 계획할 수 없는 그 타이밍에 눈물이 쏟아졌다. 나는 집사님에게 오늘 아침에 있었던 일을 전부 설명했고, 우리는 함께 놀라우신 하나님을 찬양했다.

학교로 향하는 내내, 나는 궁금해서 견딜 수가 없었다. 학교에 도착하자마자 포장을 뜯어 확인했다. 그리고 다시 한번 무너졌다. 재킷은 단추가 채워질 만큼 넉넉했고, 바지 허리 사이즈도 정확했으며, 와이셔츠는 믿을 수 없을 만큼 편안했다. 보기 싫게 크지도 않은, 그야말로 완벽한 맞춤형 옷이었다. 그리고 넥타이. 그것은 내가 바로 오늘 아침, '이런 게 있었으면 좋겠다.'고 생각했던, 매지 않고 그냥 올리기만 하면 되는 바로 그 지퍼 넥타이였다.

아빠의 역사하심에 그날도 눈물만 계속 흘렸다. 그런데 문득 이런 생각이 들었다. '아니, 근데 아빠가 너무하시네. 왜 임 집사님 한 사람한테만 이렇게 다 시키시는 거야.' 지난번 300만 원도 알고 보니 집사님이 보험을 해지해서 보낸 돈이었다. 너무나 미안하고 죄송스러웠다.

나중에 나는 하나님께 따져 물었다.

"아빠, 왜 임 집사님한테만 자꾸 시키세요. 다른 사람도 많은데, 그 한 사람에게만 너무 다 뺏는 거 아닌가요?"

그때, 아빠는 마치 안타깝다는 듯한 느낌으로 내 마음에 말씀하셨다.

"나도 그렇게 했다. 나는 많은 사람에게 이야기했다. 그런데 임 집사만 듣더라."

나는 또 할 말을 잃었다. 그 순간, 내 신앙과 목회의 방향을 결정짓는 놀라운 깨달음이 찾아왔다.

'아… 하나님은 항상, 늘, 쉬지 않고 우리와 함께하시며 말씀하시는 분이시구나. 만약 그 말씀이 들리지 않는다면, 그것은 하나님이 침묵하시는 것이 아니라, 우리가 듣지 않기 때문이구나.' 목회자로서 새로운 관점이 열리는 순간이었다.

3부

광야의 연단:
목회의 민낯을 마주하다

보성으로 가는 길: 물통과 새벽 온풍기

1학년 2학기가 되자, 나는 바닥난 재정을 감당하기 위해 전도사 사역지를 알아봐야만 했다. 그렇게 연결된 곳이 보성에 있는 작은 시골 교회였다. 나주 집에서 보성까지, 차로 한참을 달려야 하는 만만치 않은 거리였다. 사역의 구조는 토요일에 미리 교회에 가서 하룻밤을 묵고, 주일 새벽기도부터 모든 예배를 드린 후 돌아오는 것이었다.

그렇게 나의 첫 사역, 첫 광야 훈련이 시작되었다.

토요일에 도착하면 나를 기다리는 것은 산더미 같은 일들이었다. 주보를 만들고, 주일학교 설교를 준비하고, 2주에 한 번은 오후 예배 설교까지 맡아야 했다. 하지만 그중에서도 나를 가장 힘들게 했던 것은 '물 길어 오기'였다. 교회에는 정수기 대신 생수통을 갈아 끼우는 냉온수기가 있었는데, 그 물통을 채우는 것이 온전히 내 몫이었다.

나는 빈 물통 여러 개를 차에 싣고, 한참 떨어진 장로님의 농장까지 가서 물을 길어 와야 했다. 텅 빈 물통도 여러 개가 모이니 꽤 무거웠고, 물을 가득 채운 통은 그 무게가 어마어마했다. 그걸 다시 차에 싣고 와서 냉온수기에 거꾸로 끼워 넣는 일은 매번 진땀이 나는 고역이었다. 물을 쏟기 일쑤였고, 허리는 끊어질 듯 아팠다. '내가 신학 공부하러 와서 왜 이런 막노동까지 해야 하나?' 불평이 절로 터져 나왔다.

물통만큼이나 나를 괴롭혔던 것은 새벽기도였다. 사실 내가 목회를 그토록 피했던 이유 중 하나가 바로 이 새벽기도 때문이었다. 지독한 야행성인 내게 새벽 4시 반에 일어나는 것은 거의 불가능에 가까운 도전이었다. 혹여나 늦잠을 잘까 봐, 토요일 밤이면 아예 뜬눈으로 밤을 새우다시피 한 적도 많았다.

그날도 칠흑 같은 어둠을 뚫고 비몽사몽간에 교회로 향했다. 그 당시 나는 교회 보일러에 기름을 채우는 일도 맡고 있었다. 그런데 담임목사님께서는 기름이 아깝다며, 성도들이 거의 없는 새벽에는 절대 온풍기를 켜지 말라고 신신당부를 하셨다. 하지만 새벽기도에 오시는 분들은 대부분 70대가 넘은 연로하신 권사님들이었다. 그분들이 새벽 찬 공기에 오들오들 떨며 차가운 예배당에서 기도하시는 모습을 생각하니, 목사님의 명령보다 그분들의 시린 무릎이 더 마음에 아프게 다가왔다.

'에라, 모르겠다.'

나는 목사님보다 30분 일찍 교회에 도착해, 아무도 모르게 온풍기 스위치를 올렸다. '윙-' 소리와 함께 따뜻한 바람이 돌기 시작하자, 차가웠던 예배당 공기가 조금씩 훈훈해졌다. 그 작은 온기가 마치 나의 작은 반항이자, 어르신들을 향한 나의 소심한 위로처럼 느껴졌다.

그렇게 며칠이 지났을 때, 한 연로하신 권사님께서 조심스럽게 내게 물으셨다.

"전도사님, 혹시 새벽마다 온풍기… 전도사님이 켜놓으시는 거예요?"

들켰다는 생각에 가슴이 철렁했다. 그런데 권사님은 나를 나무라기는커녕, 내 손을 꼭 잡으시며 환하게 웃으셨다.

"아이고, 전도사님. 정말 사랑도 많으셔라. 그동안 새벽마다 추

워서 무릎이 시리고 아팠는데, 전도사님 덕분에 얼마나 따뜻하게 기도하는지 몰라요. 정말 고마워요."

그 한마디에, 물통을 나르던 고단함도, 밤을 새우던 피곤함도 눈 녹듯 사라졌다. 그리고 그 순간, 내 마음속에 하나의 다짐이 선명하게 새겨졌다.

'그래, 나는 나중에 목회를 하게 되면, 절대 성도들 입장에서 헤아리지 않고 그들에게 불편을 주는 목회자는 되지 말자. 규칙보다, 절약보다, 한 사람의 시린 무릎을 먼저 생각하는 목사가 되자.'

그것이 오늘날 화평교회 목회 철학의 가장 중요한 씨앗이 되었다. 아빠 하나님께서는 이처럼 힘겹고 부정적으로만 보였던 광야의 일상, 그 작은 사건 하나하나를 통해서도 놓치지 않으시고, 당신의 마음을 내게 가르치고 계셨다.

눈물의 설교,
마음을 얻는 법을 배우다

보성에서의 사역은 육체적으로 힘들었지만, 그만큼 깊은 배움이 있었다. 담임목사님께서는 가끔 나에게 교인들에 대한 조언을 해주시곤 했다. 하루는 특정 장로님 한 분을 가리키며 조심하라고 귀띔해 주셨다. 뭐 하나 실수가 있으면 그걸로 트집을 잡는, 아주 어려운 분이라는 것이었다. 그 말을 듣고 나니 그 장로님 앞에서는 나도 모르게 몸이 굳고 긴장이 되었다.

그런데 이상하게도, 내 눈에는 그분이 그렇게 나쁜 분으로 보이지 않았다. 그래서 나는 목사님의 조언과는 반대로 행동하기로 했다. 먼저 다가가 인사를 건네고, 그분이 말씀을 시작하시면 끝까지 귀 기울여 들어드렸다. 놀라운 일이 일어났다. 그 장로님은 나를 무척이나 좋아해 주셨다. "우리 아들하고 나이가 같다." 며 웃으셨고, 만날 때마다 먼저 다가와 말을 건네고 살갑게 대해주셨다. 나는 그때 배웠다. '아, 내가 어떤 마음으로 상대방을 바라보고 대하느냐가, 그 사람의 태도를 결정할 수도 있겠구나.'

그 장로님과의 좋은 관계는 내가 사역을 그만두는 날까지 이어졌다. 마지막 식사 시간, 하나님께서 내 마음에 감동을 주셨다. "가서 저 장로님을 한번 안아드려라." 나는 망설이다가 그분께 다가가 여쭈었다. "장로님, 제가 한번 안아봐도 되겠습니까?" 장로님은 처음에는 당황하시더니 이내 허락하셨다. 나는 장로님을 꼭 안으며 말씀드렸다. "장로님, 그동안 정말 감사했습니다." 그때 본 장로님의 눈가는 촉촉이 젖어 있었다. 나는 다시 한번 깨달았다. 하나님 안에서 보면 절대 악인은 없겠구나. 이 경험은 훗날 내가 상담학에 관심을 가지게 된 중요한 계기가 되었다.

보성에서의 사역 중 가장 큰 기회는 설교였다. 담임목사님께서는 설교를 큰 짐으로 여기셨고, 그 덕분에 초보 전도사였던 나는 새벽기도부터 오후 예배까지 수많은 설교 경험을 쌓을 수 있었다. 어느 새벽기도 시간, 나는 '설교학' 시간에 배운 대로 예레미야 본문으로 설교를 하고 있었다.

"여러분, 하나님의 마음이 느껴지십니까?"

그 대목에서, 나도 모르게 울컥하며 눈물이 터져 나왔다. 간신히 설교를 마치고 정신을 차려보니, 앞에 앉아 계시던 어르신들 대부분이 눈물을 훔치고 계셨다. 나는 깜짝 놀랐다. 연세가 많으셔서 마음이 굳어 있을 것이라는 내 편견이 산산이 부서지는 순간이었다. 목사도 아닌 초보 전도사의 서툰 설교에 성도들이 함께 울어주는 기적. 그날의 감격은 이후 내 설교에 가장 큰 자신감이 되어주었다. 식사를 준비해 주시던 권사님은 "전도사님이 성도들 울린다는 소문이 다 났다."며, "전도사님 설교를 들으면 나도 모르게 눈물이 난다."고 말씀해 주셨다. 아버지의 마음을 품고 나아가면 이런 기적이 일어나는구나. 나는 온몸으로 체험하고 있었다.

하지만 그 과정에서 또 다른 고민이 생겼다. '설교학'에서 배운 형식에 나를 맞추려 할수록, 설교가 점점 딱딱하고 부자연스러워지는 것이었다. 이 문제로 힘들어하던 신대원 3학년 초, 박 집사님께서 책 한 권을 선물해 주셨다. 책 내용은 기억나지 않지만, 그 제목이 나를 향한 하나님의 메시지였다.

'자기 목소리로 설교하라.'

나는 나를 버리고 지우려고만 애썼는데, 하나님께서는 오히려 가장 나다운 모습을 통해 당신을 드러내길 원하셨다. 그 깨달음 이후, 나는 비로소 자유를 얻었다. 형식에 얽매이지 않고, 나의 언어와 나의 감성으로 하나님 아버지의 마음을 자유롭게 표현할 수 있게 되었다.

주보 명단 사건과
무명 헌금의 다짐

보성 교회에서 내가 맡았던 또 하나의 어려운 업무는 주보 제작이었다. 꼼꼼하지 못한 내게 오탈자 없이 주보를 만드는 것은 매주 큰 도전이었다(그런 의미에서 지금 이 책을 쓰고 있는 것도 기적이다). 특히 내 마음을 가장 불편하게 했던 것은 주보에 실리는 '헌금 명단'이었다. 헌금 종류별로, 심지어 일천번제 예물까지 이름을 일일이 기록해서 올리는 것이, 마치 사람들에게 보이기 위한 행위처럼 느껴져 늘 마음에 걸렸다.

사건은 어느 주일에 터졌다. 내가 실수로 헌금 명단에서 한 분의 이름을 빠뜨린 것이다. 담임목사님께서는 이름이 빠지면 큰일 난다고 늘 주의를 주셨는데, 하필이면 그날따라 실수를 했다. 그리고 공교롭게도, 그분은 명단에 가장 민감하신 권사님이셨다.

주일학교 예배를 마치고 사무실로 돌아오니 이미 한차례 폭풍이 휩쓸고 간 뒤였다. 그 권사님이 나를 찾아다니며 단단히 따지셨다는 이야기를 들었다. 어찌할 바를 몰라 안절부절못하고 있는데, 뜻밖의 인물이 내게 다가왔다. 바로 담임목사님이 조심하라고 했던 그 장로님이셨다.

그는 내 편이 되어 그 권사님을 막아서고 돌려보냈다고 했다. "아니, 명단 한번 빼먹을 수도 있지, 그걸 가지고 전도사님한테 그렇게까지 하시면 됩니까?" 트집 잡기 좋아하신다던 그 장로님의 변호. 이 자체는 놀라운 일이었다. 도저히 내 편이 아닐 것 같은 그 장로님이 내 편이 되어주셨다. 헌금 명단 사건을 겪고 나서 나는 결심했다.

'내가 나중에 교회를 섬기게 되면, 절대로 헌금에 사람의 이름을 올리지 않으리라. 모든 예물은 오직 하나님만 보시는 무명으로 드리게 하리라.'

짧았던 보성에서의 사역. 그곳은 나에게 물통을 나르는 고된 노동의 현장이자, 새벽을 깨우는 훈련소였으며, 설교의 기적을 체험하고, 관계의 법을 배우고, 내 목회 철학의 뼈대를 세우게 한, 더없이 감격스러운 은혜의 땅이었다.

얼음판 같던 교회,
산더미 같던 업무

신학교에서 넘치는 은혜와 사랑을 경험하며 회복되던 나의 자존감은, 2학년 때 시작한 전도사 사역 앞에서 다시 한번 시험대에 올랐다. 내가 부임한 교회는 이전에 경험했던 곳들과는 사뭇 분위기가 달랐다. 성도들 간의 교제에는 따뜻함보다 보이지 않는 벽이 느껴졌고, 예배의 분위기는 마치 살얼음판 위를 걷는 것처럼 차갑고 위태로웠다.

그 속에서 내게 주어진 업무는 그야말로 산더미 같았다. 중고등부 사역은 기본이고, 교회 전체 주보와 PPT 설교 제작, 영상 편집, 방송실 진행, 각종 행사 준비에 사진 찍기, 청소까지. 여기에 신대원 주야간 수업과 학원 강의까지 병행하니, 하루 24시간이 모자랄 지경이었다. 몸이 열 개라도 부족했다.

특히 나의 꼼꼼하지 못한 성격에 정면으로 부딪치는 사역들이 나를 괴롭혔다. 바로 '사진 찍기'와 '영상 편집', '주보 만들기'였다. 나는 집사 시절, 예배 중에 카메라를 들고 성도들 사이를 오가는 부목사님들을 보며 속으로 '참 없어 보인다.'고 비웃었던 적이 있었다. 그런데 이제 와 그 일을 바로 내가 하고 있었다. 하나님께서는 나의 교만했던 마음을 정확히 기억하고 계셨다.

매주 토요일이면 나는 주보에 들어갈 담임목사님의 글을 받기 위해 하염없이 기다려야 했다. 다른 교역자들은 모두 퇴근한 텅 빈 사무실에 홀로 남아, 마감 시간에 쫓기며 실수를 연발하는 내 모습은 처량하기 짝이 없었다. 기쁨과 감사함으로 감당하려 했지만, 쉴 새 없이 몰아치는 사역과 스트레스에 내 마음은 조금씩 지쳐가고 있었다. 기쁨은 사라지고, 의무감과 피로감만이 나를 짓누르는 광야의 시간이 시작되고 있었다.

"그것이 너에게 준 선물, 육체의 가시니라."

광야의 시간 속에서, 내 안에 억눌려 있던 무언가가 마침내 폭발하고 말았다. 그날도 과중한 업무로 잔뜩 예민해져 있는데, 방송실에서 한 청년이 내게 무례한 말을 던졌다. 그것이 도화선이었다. 이성의 끈이 '툭' 하고 끊어지는 순간, 나는 나를 통제할 수 없었다.

나는 교역자실 문을 박차고 들어가, 이글거리는 분노를 이기지 못하고 내 자리 책상을 주먹으로 몇 번이나 세게 내리쳤다. "쾅! 쾅!" 소리에 동료 교역자들의 눈이 휘둥그레졌다. 나는 그대로 사무실을 뛰쳐나왔다. 잠시 후 분노가 가라앉자, 밀려오는 것은 극심한 부끄러움과 자괴감이었다. '내가 지금 무슨 짓을 한

거지.' 쥐구멍에라도 숨고 싶었다.

나는 겨우 사무실로 돌아와 동료들에게 고개를 숙여 사과하고, 불 꺼진 예배당으로 올라가 무릎을 꿇었다. 눈물이 봇물처럼 터져 나왔다.

"하나님! 저 좀 보세요! 이런 성질머리를 가지고 제가 어떻게 목회를 하겠습니까! 제발 이 모습 좀 고쳐주세요. 이 불같은 성격, 이 연약함을 해결해 주세요! 도저히 이대로는 못 하겠습니다!"

그렇게 울며 부르짖던 내 마음 깊은 곳에, 너무나 고요하고도 선명한 음성이 들려왔다.

"그것이 너에게 육체의 가시이니라."

순간 울음이 멎었다. 가시라고? 없애달라고 했는데, 그것이 가시라고 하셨다.

"내가 너에게 그 가시를 허락한 것은, 너로 교만하지 않고 겸손한 마음을 갖도록 하기 위해서니라."

그 음성을 듣는 순간, 나는 망치로 머리를 맞은듯한 충격에 휩

싸였다. 내가 그토록 저주하고 미워했던 나의 연약함이, 나의 못난 성질이, 나를 지키기 위한 아빠의 '선물'이자 '배려'였다니. 교만하여 넘어질까 봐, 하나님이 아니면 아무것도 할 수 없는 존재임을 잊어버릴까 봐, 친히 박아두신 사랑의 가시였다니.

나는 그날 밤, 처음으로 나의 연약함을 끌어안고 울었다. 부족한 나를 미워했던 시간들을 용서하고, 그런 나를 있는 모습 그대로 사랑하시는 아빠의 사랑 앞에 한없이 울었다.

그리고 놀랍게도, 바로 다음 주일 오후 예배 강단 스크린에는 이런 설교 제목이 떠 있었다.

"육체의 가시" (고린도후서 12:7-10)

이것을 어찌 우연이라 할 수 있을까. 하나님께서는 모든 상황을 통해, 내가 부인할 수 없도록, 당신의 사랑과 계획을 확증하고 계셨다.

"게임을 허락해 주세요.":
눈물 젖은 베개의 비밀

내가 중고등부를 담당하던 시절, 교사이자 학부모이신 한 집사님이 애타는 얼굴로 나를 찾아오셨다.

"전도사님, 우리 아들 좀 어떻게 해주세요."

사연은 이랬다. 중등부 때까지는 교회를 잘 나오던 아들이 고등학생이 되더니 발을 뚝 끊고, 밤낮으로 컴퓨터 게임에만 빠져 있다는 것이었다. 집에 한 번만 와서 아들과 대화를 나눠줄 수 있겠냐는 간곡한 부탁이었다.

며칠 후, 나는 무거운 마음으로 집사님의 댁을 방문했다. 그런데 굳게 닫혀 있던 아들의 방문이 열리고 마주 앉는 순간, 나는 놀라움을 감출 수 없었다. 맙소사. 그 친구는 내가 한때 청춘을 바쳤던 바로 그 게임의 전사였다. 어색함도 잠시, 우리는 같은 세계를 공유하는 동지처럼 게임 이야기로 금세 친해졌다.

그 게임에는 실력에 따라 등급이 매겨지는 '랭킹 제도'가 있었다. 그 학생은 내게 자신의 목표 랭킹을 털어놓으며, 그 등급만 달성하면 게임을 그만둘 수 있을 것 같다고 했다. 나는 그의 마음을 이해했다. 무작정 억누르는 것은 답이 아니었다.

"좋아. 그럼 약속하자. 전도사님이 딱 한 달 줄게. 그 안에 목표 랭킹을 달성하든 못 하든, 딱 그날까지만 하는 거야. 할 수 있겠어?"

학생은 흔쾌히 약속했다. 나는 이것이 최선의 방법이라 믿었지만, 이 '이상한 처방전'은 즉시 부작용을 낳았다.

"아니, 전도사님! 게임을 끊게 해달라고 모셔 왔더니, 어떻게 게임을 하라고 허락해 주실 수가 있어요! 우리 아들 약속은 못 믿는다니까요. 약속을 깬 적이 한두 번이 아니라고요."

어머니 집사님의 원망이 비수처럼 날아와 박혔다. 집사님께 게임은 아들의 영혼을 갉아먹는 악 그 자체였으니, 그 마음도 충분히 이해가 갔다.

그 후 상황은 악화일로를 걸었다. 아들은 아버지와 크게 다투었고, 급기야 심하게 매를 맞고 말았다. 그 일로 마음의 문을 완전히 걸어 잠근 아이는, 방 안에 틀어박혀 그림자처럼 지냈다. 절망에 빠진 집사님께서 다시 내게 연락해 왔다. 거의 울먹이는 목소리였다.

"전도사님… 한 번만 더 와주실 수 없나요?"

나는 차마 그 학생을 외면할 수 없었다. 방 안에 갇힌 학생의 모습에서 과거의 내 모습이 겹쳐 보였기 때문이다. 마음을 다잡고 기도한 후, 다시 그 집을 찾았다.

방문은 열렸지만, 상황은 최악이었다. 아이는 나를 본체만체 침대에 돌아누워 미동도 하지 않았다. 등 돌린 그의 뒷모습이 마치 거대한 벽처럼 느껴졌다. 굳이 인사를 시도하지 않았다. 대신 나는 그 자리에서 눈을 감고 아빠께 간절히 매달렸다.

'아빠… 제발 저 아이의 마음을, 저 아이의 아픔을 지금 이 순간 제게 그대로 부어주세요. 제가 저 아이의 마음을 느끼게 해주세요.'

그때, 놀라운 일이 일어났다. 내 입에서 나도 모르는 말들이 봇물처럼 터져 나오기 시작했다. 나는 돌아누운 아이가 아닌, 내 옆에 서 계신 어머니 집사님을 향해 이야기했다. 그것은 나의 말이 아니었다. 등 돌린 소년의 마음, 그의 입장이었다.

"어머니, 사실 이 아이는 너무 억울했을 겁니다. 아무도 자신을 믿어주지 않는다는 것에 정말 서러웠을 거예요. 어쩌면 엄마 아빠의 인정과 신뢰를 간절히 원하고 있는지도 몰라요. 아빠에게 맞았을 때, 몸보다 마음이 더 아팠을 거예요. 세상 누구도 자기 편이 아니라고 느꼈을 겁니다. 유일하게 자기를 이해해 준다고 믿었던 전도사님마저 엄마의 부탁으로 온 사람이라고 생각하니, 배신감이 들었을지도 몰라요…."

아이는 여전히 돌아누워 있었지만, 나는 멈추지 않고 그의 마음을 계속해서 대변했다. 마치 내가 상처 입은 그 아이가 된 것처럼, 그의 억울함과 슬픔, 외로움을 남김없이 쏟아냈다.

이야기를 모두 마친 후, 나는 조용히 방을 나와 교회로 돌아왔다. 그리고 며칠 뒤, 집사님으로부터 믿기지 않는 소식이 들려왔다. 내가 다녀간 그날 저녁, 아들이 스스로 방문을 열고 나와 식사를 했다는 것이었다. 그리고 아들이 누웠던 베개를 보았더니, 마치 물을 쏟은 것처럼 흥건히 젖어 있었다고 했다.

그날 아이는 돌아누운 채로, 자신의 마음을 그대로 읽어주는 나의 변론을 들으며 소리 없이 울었던 것이다.

이론적인 공감이 아니었다. 아빠의 마음을 구했을 때, 그분은 한 사람의 영혼 깊은 곳에 있는 고통을 그대로 느끼게 하셨다. 아버지의 마음을 읽고 그 마음으로 상한 자를 위로하는 자, 그 시원케 하는 자로서의 걸음이 본격적으로 시작된 날이었다.

4부

죽음의 문턱에서
배운 사랑

"이번엔 300만 원입니다."

하나님의 일하심을 경험하며, 나는 점점 더 담대해졌다. 3학년이 되었을 때, 큰형님의 딸, 즉 사랑하는 조카가 결혼 날짜를 잡았다. 몸이 불편하신 형님은 경제적으로 넉넉지 못했다. 작은아빠로서, 아니 신학생이기에 앞서 한 사람의 삼촌으로서, 사랑하는 조카의 결혼에 혼수 비용이라도 꼭 보태주고 싶다는 간절한 마음이 솟아올랐다.

그러나 당장 내 등록금도 없는 형편에 300만 원은 너무나 큰 돈이었다. 인간적인 방법으로는 불가능했다. 그래서 나는 다시 한번 아빠를 찾았다.

"아빠, 이번에는 300만 원입니다. 제 형편 다 아시지 않습니까? 돈이 한 푼도 없습니다. 그런데 형님네 조카 결혼식에 꼭 300만 원을 하고 싶습니다. 아빠, 주세요."

이번에는 즉각적인 응답이 없었다. 조카의 결혼식 날짜는 점점 다가오는데 아무 소식이 없자, 마음이 초조해지기 시작했다. 나는 아내에게 조바심을 내며 불평을 늘어놓았다.

"아니, 여보. 우리 아빠가 300만 원 주실 때가 되었는데 왜 이렇게 조용하시지?"

바로 그날이었다. 내 입에서 불평 섞인 기도가 터져 나온 바로 그날 오후, 내 핸드폰에 문자 한 통이 도착했다.

김진석 님 계좌에 3,000,000원이 입금되었습니다.

함께 온 메시지에는 이렇게 적혀 있었다. "전도사님, 하나님께서 300만 원을 전도사님께 입금하라는 마음을 주셔서 순종합니다."

나는 또다시 울었다. 기쁨과 감격, 그리고 나의 작은 믿음을 부끄러워하는 회개의 눈물이 뒤섞여 흘러내렸다. 나는 곧장 ATM 기계로 달려가 빳빳한 돈 300만 원을 출금했다. 은행 봉투에 소중히 담아 형님을 찾아갔다.

당연히 형님은 받지 않으려 했다. "진석아, 이게 무슨 돈이냐. 너도 어려울 텐데. 내가 그 돈을 어떻게 받냐? 너 등록금은 어떡하고."

"형님, 이건 내가 주는 게 아니야. 우리 아빠 하나님이 주시는 거야. 내가 형님 생각하면서 이렇게 기도했는데, 오늘 정확하게 이 돈을 보내주셨어."

나는 자초지종을 설명하며, 이것이 내가 하는 일이 아닌 하나님의 일하심임을 간증했다. 내 간증을 들은 형님은 마침내 눈물을 글썽이며 돈을 받았다. 그날 우리 형제는 하나님의 놀라우신 역사와 은혜를 나누며, 그 어떤 때보다 깊은 기쁨과 감사의 시간을 보냈다. 하나님은 그렇게 돈을 통해, 관계를 회복시키시고 당신의 사랑을 증거하고 계셨다.

형님의 죽음,
"내가 그를 오래 기다렸노라."

'육체의 가시'에 대한 깨달음 이후, 하나님께서는 내게 개척을 명하셨다. 나는 섬기던 교회에 사임 의사를 밝혔고, 본격적인 개척 준비에 들어가려던 그즈음이었다. 바로 그 주일 오후, 예배를 마치고 집에 가려는데 갑자기 결혼한 조카에게서 전화가 왔다. 목소리가 심상치 않았다.

"작은아빠… 아빠가… 돌아가셨어요."

아무 생각이 나지 않았다. 너무나 당황스럽고 놀라 바로 병원으로 달려갔다. 거기엔 형님이 잠든 것처럼 누워 있었는데, 이미 숨을 거둔 뒤였다. 주일 예배를 마친 형수님을 데리러 가려고 머리를 감고 세수하다가, 갑자기 화장실에서 쓰러져 그렇게 허망하게 가셨다고 했다. 아무도 예상하지 못한, 너무나 갑작스러운 이별이었다.

장례식 내내 실감이 나지 않았다. 얼마 전 놀러 갔을 때 내가 겪은 하나님의 기적들을 신기해하며 듣던 형님이었다. 나는 하나님께 따져 물었다.

"하나님! 왜 이렇게 일찍, 이렇게 허망하게 데려가십니까? 이게 어떻게 된 일입니까?"

그때, 하나님은 내 마음에 말씀하셨다.

"빨리 데려간 것이 아니다. 내가 그를 오래 기다렸느니라. 그가 나에 대한 원망을 풀고 나에게 나아올 때까지 기다렸느니라."

그 음성을 듣는 순간, 나는 형님의 평생의 한을 알게 되었다. 형님은 세 살 때 소아마비로 인해 심한 장애를 입으셨다. 어머니는 형님을 업고 전국을 다니셨는데, 그때 어느 목사님이 나을 수 있다고 했던 모양이다. 하지만 낫지 않자 형님은 그 목사님을 사기꾼이라 욕했고, 하나님께 깊은 원망을 품게 되었다. 교회를 다니면서도 그 마음의 앙금이 풀리지 않았던 것이다.

그런데 장례식에서 형수님으로부터 놀라운 이야기를 전해 들었다. 내가 300만 원을 전달한 이후, 형님이 집에서 매일 찬양을 들으며 따라 부르기 시작했다는 것이다. 그리고 내가 개척한다는 소식을 듣고는, "동생이 개척하면 우리 가족 모두 그 교회에 나가자."고도 말씀하셨다는 것이다.

나는 그제야 모든 것을 깨달았다. 내가 형님께 드린 300만 원은 단순한 혼수 비용이 아니었다. 그것은 나를 통해 형님의 마음을 만지시고, 평생의 원망을 풀게 하신 아빠 하나님의 사랑이었다. 하나님께서는 형님이 마음의 문을 열고 당신께 돌아오기를, 그렇게나 오래 참고 기다리셨던 것이다.

형님의 죽음은 내게 큰 슬픔이었지만, 동시에 하나님의 일하심이 얼마나 깊고 오묘한지를 강력하게 체험하는 계기가 되었다. 아, 하나님은 이런 분이시구나. 한 영혼이 돌아오기를 끝까지 기다리시는 분, 그리고 나처럼 연약한 사람을 통해 그 사랑을 전하시는 분. 나는 그 사랑의 아빠 하나님을 더욱 깊이 신뢰하게 되었다.

5부

내 교회를 세우리라:
개척 장소 탐방기

잃어버린 쌈짓돈,
맨손으로 시작한 광야

신대원 3학년, 나는 뜨거운 열정으로 가득 차 있었다. 동기 몇몇과 함께 '공동 교회 설립'이라는 원대한 꿈을 꾸었다. 함께 기도하고, 함께 교회를 세우며 하나님의 역사를 이루어 가자고 약속했다. 하지만 현실의 벽은 높았다. 각자의 생각과 길이 달랐고, 야심 차게 시작했던 동역의 꿈은 얼마 못 가 흐지부지되고 말았다.

설상가상으로, 개척 자금으로 쓰라며 어머니께서 쌈지에 꼬깃꼬깃 모아두셨던 귀한 돈 200만 원(보증금 100, 강대상 비용 100)마저 어이없이 잃어버렸다. 이제 내게 남은 것은 아무것도 없었다. 동역자도, 돈도 없었다. 깊은 실망과 낙심 속에서, 나는 결국 가장 작은 단위로 개척을 시작하기로 했다. 바로 아내와 아들, 단 세 명이서 드리는 가정 예배였다.

그렇게 막막한 광야의 시간이 시작될 무렵, 한 줄기 빛처럼 소식이 들려왔다. 전에 알던 학원장님이 아는 분이 건물을 무료로 내놓으셨다는 것이다. 가정에서의 예배에 한계를 느끼던 차에, 나는 이것이 하나님이 주신 기회라 믿고 그곳으로 교회를 옮기로 했다. 하지만 건물 상태는 처참했다. 전기, 천장, 바닥, 벽… 어느 하나 성한 곳이 없었다.

그때, 이전에 섬기던 교회 집사님 부부가 함께 개척하고 싶다며 연락해 왔다. 인테리어 경험이 있던 집사님께서 모든 공사를 맡아주시기로 해, 나는 천군만마를 얻은 듯 기뻤다. 그러나 그 약속 또한 오래가지 못했다. 여러 사정으로 인해 집사님 부부는 중간에 동역을 포기하고 이탈하고 말았다.

나는 또다시 혼자가 되었다. 텅 비고 낡은 상가 건물에 홀로 서서, 나는 하나님께 부르짖었다. 그리고 결단했다. '그래, 혼자라도 해보자. 돈이 없으면 페인트칠이라도 먼저 하자. 의자 몇 개라도 놓고 시작하자. 하나님이 하라고 하셨으면, 무조건 어떻게든 되겠지.'

그렇게 나는 마지막 남은 돈을 털어 페인트 통을 사 들고, 맨손으로 광야를 일구기 시작했다.

'빛가람 광야교회'
간판을 막으신 하나님

맨손으로 페인트칠을 하면서도, 마음 한구석에는 '교회 이름'이라도 정해서 간판을 걸면 뭔가 시작되는 기분이 들 것 같았다. 학원을 하던 경험을 살려, 나는 '빛가람 광야교회'라는 이름을 짓고 간판 디자인까지 마쳤다. 지금 나의 상황을 그대로 담은 이름이었다.

"전도사님, 빨리 확정해 주셔야 제작 들어갑니다!"

간판 사장님의 재촉 전화가 빗발쳤다. 하지만 이상하게 마음이 내키지 않았다. 뭔가 아닌 것 같다는 찜찜함에 결정을 미루고 있는데, 사장님의 최후통첩이 날아왔다.

"정말 더는 못 기다립니다. 오늘 4시 반까지는 확답을 주셔야 합니다!"

"네… 알겠습니다. 4시 반에 전화드리겠습니다."

시간은 흘러 오후 4시. 이제 30분 후면 돌이킬 수 없는 결정을 해야 하는 그 순간, 전화벨이 울렸다. 나를 돕던 그 집사님이었다.

"전도사님! 제가 지금 식당에 밥 먹으러 왔는데, 여기 4층에 '빛가람 광야교회'가 있는데요?"

나는 깜짝 놀랐다. 이 지역 상가를 다 돌아봤지만 그런 이름의 교회는 없었다. 나는 곧장 그곳으로 달려갔다. 정말 식당 건물 4층, 학원 강의실 한 칸에 작은 예배당이 있었다. 간판도 아니었다. 창문 안쪽에 종이로 '빛가람 광야교회'라고 써 붙여놓은 것이 전부였다. 밖에서는 보이지도 않는 그 글씨를 어떻게 보았냐는 내 질문에, 집사님은 "그냥 자기도 모르게 눈이 가서 보였다."고만 했다.

나는 그 자리에서 간판 사장님에게 전화를 걸어 양해를 구하고 주문을 보류했다. 아빠 하나님께서는 그렇게, 간판 제작 확정 30분 전에, 한 집사님의 눈을 이끌어 나의 잘못된 계획을 막아서고 계셨다.

채워진 보증금,
가로막힌 시설비

교회 이름도 정하지 못한 채 답답한 마음으로 페인트칠을 하고 있을 때, 그 집사님이 다시 나를 찾아와 다른 교회 인테리어 공사 현장에 가보자고 했다. '돈도 없는데 가서 뭐 하나…' 싶었지만, 나는 마지못해 그를 따라나섰다.

그곳에서 우리는 교회를 이전하려 한다는 사모님을 만났고, 나는 꿈에도 상상 못 한 제안을 받았다.

"전도사님, 그럼 저희 교회는 어떠신가요?"

나는 혹시 이것이 하나님께서 예비하신 곳일까 싶어 가슴이 뛰었다. 조심스럽게 월세 조건을 물었다.

"보증금 2,000만 원에 월 44만 원입니다."

그 말을 듣는 순간, 부풀었던 기대는 풍선처럼 터져버렸다. 2,000만 원. 페인트 살 돈도 없어 쩔쩔매는 내게는 감당할 수 없는, 천문학적인 금액이었다. 나는 아쉬운 마음을 뒤로하고 정중히 인사를 드리고 돌아설 수밖에 없었다.

그런데 이 이야기를 전해 들으신 어머니께서, 당신의 형제들, 즉 나의 삼촌과 이모들에게 전화를 돌리셨다. "내 막내아들이 지금 개척을 하는데, 보증금이 필요하니 200만 원씩 헌금을 해라." 그렇게 1,000만 원이 모였고, 막내 누나가 1,000만 원을 대출받아 보태주어 순식간에 보증금 2,000만 원이 마련되었다. 이 글을 쓰고 있는데 하나님께서 이 일을 기억하고 계신다고 말씀하셨다. 누나에게 전화해서 확인해 보니 요즘 이렇게 행복해도 되는지 궁금할 정도로 행복하다고 한다. 하나님께서 나를 이렇게 세심하게 돌보아 주시니 너무나 기쁘고 즐겁다고. 기억하시는 아빠 하나님! 정말 감사합니다.

나는 떨리는 마음으로 다시 그 목사님께 전화를 드렸다. "목사님, 보증금이 준비되었습니다. 계약하고 싶습니다."

모든 것이 해결된 줄 알았다. 그런데 계약을 진행하려던 찰나, 목사님께 다시 전화가 왔다. 목소리가 무거웠다. "전도사님, 정말 죄송합니다. 저희 교회 성도님들이, 우리도 광주로 이전하려면 돈이 드니 시설비로 600만 원은 받고 나가야 한다고 반대하시네요."

나는 또다시 무너졌다. "네, 목사님… 지금 600만 원은 도저히 어렵습니다." 기적처럼 채워졌던 희망이, 눈앞에서 다시 가로막히는 순간이었다.

"너 벌써 잊었느냐?"
내 길을 인도하시다

결국 나는 2,000만 원의 보증금을 들고 직접 상가를 알아보러 다녔다. 학원 자리를 보러 다녔던 경험을 총동원해, 마침내 최고의 상권을 자랑하는 최적의 장소를 찾아냈다. 위치도, 조건도 모든 것이 완벽했다. 나는 만족감에 흡족해하며 다음 날 바로 계약하기로 했다.

그런데 계약을 하러 찾아간 그 상가 건물 앞에서, 나는 얼어붙고 말았다. 어제는 보이지 않던 낯선 간판이 눈에 들어왔다. 내가 계약하려던 바로 그 위층에, 다른 교회가 버젓이 자리하고 있었다.

순간 마음속에서 치열한 갈등이 일어났다. '아… 눈 딱 감고 그냥 계약할까? 법적으로 문제 되는 것도 아닌데….' 내 안의 사업가 기질이 속삭였다. 그때, 하나님의 엄중한 음성이 내 마음을 때렸다.

"너 벌써 잊었느냐?"

몇 년 전, 내가 섬기던 교회가 이전을 준비할 때였다. 후보지 위층에 다른 교회가 있다는 이유로, "이곳은 안 됩니다! 외부 사람들에게 한국 교회 이미지가 뭐가 되겠어요! 그리고 먼저 들어온 교회에도 좋은 일은 아닌 것으로 보입니다."라며 가장 강력하게 주장했던 사람이 바로 나 자신이 아니었던가.

"이제 너의 일이 되니 그것을 잊고 같은 일을 되풀이하려 하느냐?"

나는 너무나 부끄러워 할 말을 잃었다. 그리고는 아빠에게 따져 물었다. "아니, 여기도 안 되면 그럼 개척을 하라는 겁니까, 말라는 겁니까!"

그때, 아빠가 내 교만과 조급함을 깨뜨리는 말씀을 주셨다.

"네가 지금도 학원을 하고 있는 것으로 아느냐? 착각하지 마라. 내 교회는 내가 세운다."

계약하려 했던 건물의 교회는 지금 없어졌고, 그 교회 목사님이 지금 나와 같은 시찰 목사님이 되셨다. 지금 나는 그 교회 목사님과 연합제직회 임원(서기와 회계)으로 활동하고 있다. 하나님의 인도하심은 참으로 놀라웠다. 그 연결고리가 오늘의 이런 연결로 이어질 줄이야. 참으로 놀라운 일들의 연속이다. 재미있게도 화평교회가 들어온 이후 같은 건물 3층과 4층에 각각 교회가 들어와 있다. 현재 한 건물에 교회 세 개가 함께 있는 곳은 이곳이 유일하다.

"내가 세운다."
모든 문을 여신 아빠

나의 길, 나의 경험, 나의 계획이 모두 막힌 그 자리에서, 나는 비로소 항복했다. 모든 것을 내려놓고 하나님의 방식만을 기다릴 수밖에 없었다.

그리고 바로 다음 날이었다.

시설비 600만 원 때문에 계약이 무산되었던 그 목사님에게서 전화가 걸려 왔다.

"전도사님, 그냥 들어오십시오. 시설비 없이 그냥 쓰십시오."

나는 전화기를 든 채 한동안 멍하니 서 있었다. 어안이 벙벙했다. 내가 그토록 애쓰고 찾으려 할 때는 굳게 닫혀 있던 모든 문이, 내가 포기하고 엎드린 바로 그 순간에 활짝 열려버린 것이다.

그때, 따뜻한 아빠의 음성이 내 마음을 감쌌다.

"보았느냐?"

나는 터져 나오는 눈물을 주체할 수 없었다. 내 교회가 아니었다. 처음부터 아빠의 교회였다. 그분은 당신의 교회를, 당신의 때에, 당신의 방식으로 친히 세우고 계셨다.

"오, 놀라우신 우리 아빠! 찬양합니다!"

광야의 끝에서, 나는 비로소 그 위대한 건축가의 일하심을 목격하며 찬양을 올리고 있었다.

6부

빈 공간을 채우시는 손길, 예비된 만남

버스 옆자리에서 맞춰진 퍼즐 조각

하나님께서 예비하신 새 예배당은 모든 것이 완벽해 보였다. 딱 한 가지, 내가 저지른 섣부른 약속만 빼고 말이다.

새 예배당을 만나기 직전, 나는 아는 학원장님 지인의 배려로 한 건물을 1년간 무료로 쓰기로 약속했었다. 감사한 마음에 페인트칠까지 내 손으로 이미 마쳐놓은 상태였다. 그런데 이제 와서 더 좋은 곳이 생겼다고 일방적으로 약속을 깨버린다면, 도리가 아니었다. 내 딴에는 신의를 지키겠다며 끙끙 앓는 이 상황이, 어쩌면 아빠 하나님께서 보시기엔 우스꽝스러웠을지도 모르겠다.

'어떻게 이 매듭을 풀어야 하나…'

인간적인 고민이 깊어지던 바로 그 타이밍에, 마치 약속이라도 한 듯 신문 1면에 대서특필 기사가 실렸다.

[속보] 한전공대, 나주 빛가람동 설립 최종 확정!

지역 전체가 들썩이는 거대한 뉴스였다. 그리고 그 기사가 터진 지 얼마 지나지 않아, 내 핸드폰이 울렸다. 바로 그 건물주였다.

"아, 전도사님. 좋은 소식이긴 한데… 허허. 아시다시피 한전공대가 들어오게 돼서요. 이제 이 동네 건물값이 어마어마하게 뛸 겁니다. 그래서 말인데… 약속했던 무료 임대는 좀 힘들게 됐습니다. 죄송합니다."

나는 수화기를 들고 터져 나오는 웃음을 참을 수 없었다. 아빠의 유머 감각은 정말이지! 내가 끙끙 앓던 문제를 단박에, 그것도 가장 완벽하고 세련된 방식으로 해결해 주신 것이다. 나는 기쁜 마음으로 "아닙니다, 사장님! 당연히 그러셔야죠! 축하드립니다!"라며 전화를 끊었다.

이렇게 첫 번째 매듭이 신기하게 풀리자, 나는 모든 것이 순탄할 줄 알았다. 하지만 두 번째 매듭이 나를 기다리고 있었다. 새 예배당 계약서에 도장을 찍었지만, 입주일이 정해진 날짜보다 2주나 뒤로 밀린 것이다.

하루라도 빨리 개척 예배를 드리고 싶은 내 마음에 2주의 기다림은 생각보다 길었다. 더 속이 쓰린 것은, 텅 빈 공간에 월세만 꼬박꼬박 나가야 한다는 사실이었다. '왜 일이 이렇게 더딜까? 아니, 이렇게 큰 은혜를 부어주셨는데 고작 2주를 못 참고 불평하다니….' 내 안에서 감사함과 조바심이 정신없이 싸웠다. 속으로만 끙끙 앓으며, 나는 그렇게 작은 불만을 품은 채 입주 날짜를 기다리고 있었다.

그 답답한 2주의 비밀이, 며칠 뒤 떠난 선교 훈련 캠프행 버스 안에서 풀릴 줄은 꿈에도 상상하지 못한 채 말이다.

그렇게 입주를 기다리던 중, 나는 아내와 함께 선교 훈련 캠프에 참석하게 되었다. 캠프로 향하는 버스 안, 나는 원래 아내와 함께 앉았지만 사정이 생겨 자리를 옮겨야만 했다. 남은 자리는 딱 한 곳, 창가에 앉은 어떤 남자분의 옆자리였다. 그런데 그분의 표정이 무척이나 어둡고 굳어 보여, 선뜻 옆에 앉기가 꺼려졌다. '아, 가는 내내 불편하겠구나.' 어쩔 수 없이 그 옆자리에 앉으며, 나는 어색하게 인사를 건넸다.

그런데 놀라운 일이 벌어졌다. 서로 통성명을 하고 이야기를 나누는데, 그 목사님(알고 보니 목사님이셨다)이 나에 대해 이미 알고 있다는 것이었다. 내가 들어갈 교회와 그 교회 목사님에 대해서도 말이다. 내가 어떻게 아시냐고 묻자, 그분은 믿을 수 없는 이야기보따리를 풀어놓기 시작했다.

사실 내가 입주하기로 한 교회가 2주간 이사를 못 가고 있던 이유는, 바로 내 옆자리의 이 목사님 때문이라는 것이었다.

이야기는 이랬다. 이 목사님(1번 교회) 자리로 다른 교회(2번 교회) 예배당을 옮기기로 약속되어 있었고, 그래서 2번 교회로 내가 들어갈 교회(3번 교회)가, 3번 교회로 우리 화평교회가 들어가는, 일종의 연쇄 이동이 계획되어 있었다. 그런데 정작 1번 교회를 이끌던 이 목사님이 들어갈 예배당을 찾지 못해 모든 계획이 중단된 상태였다. 그러던 중, 바로 이 선교캠프에 참석했다가 늘 지나다니던 길에서 보지 못했던 상가 건물이 갑자기 눈에 들어와 계약하게 되었고, 그곳의 인테리어 기간이 2주가 걸려 모든 교회의 입주가 2주씩 밀리게 되었다는 것이다. 만약에 1번, 2번, 3번, 4번 교회 중 하나라도 조건이 맞지 않았다면 어떻게 되었을까? 지금 생각해도 정말 놀라운 경험이었다.

나는 버스 옆자리에서, 내 마음을 답답하게 했던 그 2주 지연의 비밀을, 사건의 가장 핵심에 있던 당사자로부터 직접 듣고 있었다. 이것은 우연이 아니었다. 내 불만은 하나님의 더 큰 그림을 보지 못한 지극히 인간적인 투정이었음을 깨달았다. 하나님께서는 나 한 사람의 개척뿐만 아니라, 다른 목회자의 길까지도 동시에, 가장 완벽한 때에 열고 계셨다. 버스 안에서 우리는 하나님의 일하심에 감탄하며 함께 그분을 찬양했다. 선교캠프에 도착하기도 전에, 나는 이미 가장 큰 은혜를 받고 있었다.

교탁과 키보드,
그리고 권사님의 헌금

선교캠프에서 경험한 '버스 옆자리'의 기적은 시작에 불과했다. 아빠 하나님께서는 내게 또 하나의 퍼즐 조각을, 그것도 아주 짓궂고 사랑스러운 방식으로 선물해 주셨다.

이야기는 새 예배당의 비품을 인수하던 날로 거슬러 올라간다. 이전 목사님께서는 대부분의 비품을 흔쾌히 두고 가셨다. 딱 하나, 내 마음에 쏙 들어온 아담한 강의용 탁자, 바로 '그 교탁'만 빼고 말이다. 나는 첫눈에 그 녀석과 사랑에 빠졌다.

"목사님, 저 교탁은 두고 가시는 거죠?"
"아, 네. 그러죠."

속으로 쾌재를 부르는 순간, 옆에 계시던 사모님께서 찬물을 끼얹으셨다.

"여보, 안 돼요. 그거 우리 광주 가서 꼭 필요하잖아요."

그렇게 작은 '교탁 전쟁'의 서막이 올랐다. 목사님과 사모님이 옥신각신하는 동안, 나는 필사적인 눈빛으로 아내에게 '제발 저걸 지켜내!'라는 무언의 신호를 보냈다. 그러나 나의 아내는, 그 결정적인 순간에 천사의 미소를 지으며 말했다.

"어머, 사모님. 저희는 괜찮아요. 필요하시면 당연히 가져가셔야죠."
'아, 여보! 제발! 지금은 착한 사람 콤플렉스를 발동할 타이밍이 아니잖아!'

내 속은 까맣게 타들어 갔지만, 겉으로는 세상 인자한 미소를 지어야 했다. 결국 내 옹졸함은 그날 목사님 부부가 떠나시자마자, 아내를 향한 역정으로 터져 나왔고, 아내는 눈물을 뚝뚝 흘렸다. 서럽게 울던 아내가 말했다.
"나는 교탁보다 키보드가 없어서 더 아쉬운데…."

순간 미안함이 밀려왔다. 나는 어색하게 아내를 다독이며, 반은 진심, 반은 상황을 모면하려는 마음으로 말했다.

"괜찮아, 괜찮아. 하나님께서 다 알아서, 더 좋은 방법으로 채워주시겠지."

그리고 시간은 흘러, 나는 그 일을 까맣게 잊은 채 선교캠프에 와 있었다. 그때, 교회 인테리어를 도와주시던 문 목사님으로부터 '띵동-' 하고 문자 한 통이 도착했다.

전도사님, 방송 장비 설치했습니다.

별생각 없이 첨부된 사진을 열어본 나는 그 자리에서 숨을 멈췄다. 사진 속 예배당에는 방송 장비뿐만 아니라, 내가 그토록 탐냈으나 아내의 '눈치 없는' 배려로 포기해야만 했던 바로 그 똑같은 교탁, 그리고 아내가 아쉬워했던 바로 그 키보드가 나란히 놓여 있는 것이 아닌가!

나는 바로 있는 자리에서 소리치듯 전화를 걸었다.
"목사님! 아니, 저 교탁이랑 키보드는 어떻게 된 겁니까? 목사님은 오늘 스크린하고 프로젝터와 앰프만 설치하시는 거 아니셨나요?"

수화기 너머로 들려온 대답은, 한 편의 영화와도 같았다.
목사님이 개척교회를 돕는다는 소식을 들은, 얼굴도 모르는 한 권사님께서 그날 목사님을 찾아와 100만 원이 든 봉투를 내

미셨다고 한다. 감사히 받으려던 찰나, 하나님께서 목사님 마음에 강력하게 말씀하셨다고 했다.

"응, 그거 네 돈이 아니다. 화평교회에 주는 돈이다. 너는 지금 당장 가서, 전에 네가 인테리어 해줬던 그 교회와 똑같은 교탁을 사고, 키보드도 준비해서 같이 설치해 주어라."

목사님은 곧장 가게로 달려갔고, 마침 그 교탁이 딱 하나 남아있어 바로 사서 설치했다는 것이다.

나는 전화기를 붙잡은 채 그 자리에 주저앉아 울었다. 나의 옹졸했던 욕심, 아내와의 치졸한 다툼, 서운함에 흘렸던 아내의 눈물, 그리고 어설프게 내뱉었던 나의 믿음의 말 한마디까지도… 아빠는 단 하나도 놓치지 않고 다 듣고, 기억하고 계셨다.

나는 떨리는 목소리로 곧장 아내에게 문자를 보여주며 설명했다.
"여보… 나 좀 봐… 아니, 우리 아빠 좀 봐…."
자초지종을 들은 아내 역시 곁에서 말을 잇지 못하고 흐느꼈다. 우리는 그날, 우리의 가장 부끄러운 순간마저 가장 완벽한 선물로 바꿔버리시는 그분의 세밀하심에 감격하며 한참을 함께 울고, 함께 찬양했다. 하나님은 우리의 가장 치졸한 다툼마저도, 당신의 위대한 작품 재료로 사용하시는 분이셨다.

예언의 동역자, 그리고 권사님의 눈물

선교캠프에서의 은혜는 거기서 그치지 않았다. 하나님께서는 텅 빈 공간을 물건으로 채우실 뿐 아니라, 나의 사역에 가장 필요한 '사람'을 예비하고 만나게 하셨다.

캠프에 함께 갔던 정 전도사님이 꼭 소개해 주고 싶은 분이 있다며 나를 이끌었다. 그곳에는 온화하지만 강한 영적 기운이 느껴지는 한 여자 목사님이 계셨다. 그녀는 나를 보자마자 다짜고짜 물었다.

"전도사님, 제가 기도해 드려도 되겠습니까?"

나는 조금 독특하시다고 생각하며 그러시라고 대답했다. 목사님은 내 팔목에 조용히 손가락을 얹고 기도하기 시작했다. 그러고는 갑자기 깜짝 놀라며 외쳤다.

"앗, 뜨거워! 앗, 뜨거워! 전도사님, 성령이 정말 충만하시네요."

그 한마디에 나는 울컥 눈물이 솟았다. 그동안의 모든 서러움과 외로움을 위로받는 기분이었다. 하나님께서 이분을 통해 나를 인정해 주시는 것만 같았다. 우리는 그 자리에서 바로 의기투합했고, 옆에 동석했던 그 목사님의 여동생인 마 권사님과 함께 시간 가는 줄 모르고 밤늦도록 대화를 나누었다. 하나님의 일하심에 대한 간증은 끝이 없었다.

대화가 깊어지던 어느 순간, 옆에서 조용히 듣고만 있던 권사님께서 조용히 계속 눈물을 뚝뚝 흘리고 계셨다. '저분은 말씀은 안 하시고 왜 계속 울고 계실까.' 나는 이 당시에 알 수 없었다. 이 권사님께서 훗날 화평교회의 중심 성도가 되시는 마 권사님이시다.

나는 그 마 목사님과 연락처를 주고받았다. 이 만남은 단순한 교제를 넘어, 이후 나의 모든 영적 여정을 함께하며 하나님의 뜻을 교차로 확인하는 가장 중요한 동역의 시작이 되었다. 늘 명확한 하나님의 뜻을 갈망하며 '예언적 은사를 가진 동역자'를 구했던 내 기도에, 하나님은 바로 그 선교캠프에서 가장 완벽한 사람을 예비하고 만나게 하셨던 것이다. 마 목사님과는 지금까지 하나님 앞의 어린아이들로서 편한 만남이 이어지고 있다. 나와 화평교회를 위해서 자신의 소중한 일마저 포기하신 정말 아름다운 분이시다.

시행착오의 축복,
의자

여러 사람의 말이 각기 다를 때, 그 안에서 하나의 패턴, 즉 하나님의 뜻을 발견하는 것은 지난한 과정이었다. 엇갈리는 의견 속에서 공통점을 찾기 어려울 때는 더 많은 기다림과 검증이 필요했다. 그럴 때일수록 할 수 있는 것은 오직 하나, 주님께 더 깊은 지혜와 분별력을 구하는 것뿐이었다. 그러나 돌아보면, 그 막막했던 기다림의 과정은 결국 더 큰 은혜를 누리게 하는 통로가 되었다.

신학교를 옮길 때가 그랬다. 대다수의 동기들은 나의 결정을 부정적으로 보았지만, 큰누나는 달랐다. 적극적으로 지지하며 등록금까지 약속했다. 비록 그 약속은 지켜지지 않았지만, 나는 그 또한 하나님의 인도하심이라 믿고 서운함을 내려놓으며 평안을 얻었다.

가장 큰 시행착오는 '코인 투자'였다. 재정적 독립을 통해 더욱 떳떳하게 주의 일을 하고 싶다는 순수한 마음과, 주변 사람의 성공담이 뒤섞여 욕심을 만들어 냈다. '하나님이 도우시면 이것도 되지 않겠는가.' 하는 생각은 합리화에 가까웠다. 무리한 대출로 시작한 투자의 결과는 참혹했다. 내가 사면 떨어지고 팔면 오르는 절망적인 상황 끝에 남은 것은 막대한 빚과 신용불량자라는 낙인이었다. 이 뼈아픈 실패를 통해 나는 깨달았다. 나의 욕심이 하나님의 음성을 얼마나 쉽게 왜곡할 수 있는지, 그리고 하나님의 때와 방법을 잠잠히 기다려야 할 때와 과감히 행동해야 할 때를 분별하는 것이 얼마나 중요한지를 말이다.

이러한 배움은 '화평교회' 개척 과정에서 다시 한번 시험대에 올랐다. 당장 예배를 드릴 의자가 필요했다. 마음이 조급해지자 나는 또다시 혼자서 여기저기를 수소문하기 시작했다. 둘째 누나도 함께 발 벗고 나서 여러 정보를 주었고, 마침내 경기도 평택에서 의자를 무료로 준다는 곳을 찾아냈다.

하지만 막상 확인해 보니 의자의 색상과 크기가 '화평교회'와는 전혀 어울리지 않았다. 누나는 "지금 가릴 때가 아니다, 이만하면 훌륭하다."며 합당한 의견을 주었지만, 내 마음속에는 확신이 서지 않았다. 그럼에도 조급함에 무리하게 일을 추진했지만, 결국 그 계획은 무산되었다. 시간과 노력만 낭비한 것 같아 허탈했다.

그러나 그 실패는 결코 헛되지 않았다. 그 일을 계기로 나는 교회 의자에 대해 더 깊이 고민하게 되었고, 마침내 '우리 화평교회에 꼭 맞는 의자'의 모습을 머릿속에 선명하게 그릴 수 있게 되었다. 사이즈, 색상, 디자인까지 구체적인 그림이 완성된 것이다.

바로 그때, 기적 같은 연락이 왔다. 교회 인테리어를 도와주시던 문 목사님이었다.

"목사님, 근처 교회에서 새로 오신 권사님이 의자를 전부 교체하기로 하셨답니다. 기존 의자가 아주 멀쩡한데, 가져다 쓰시겠어요?"

나는 한걸음에 그 교회로 달려갔다. 내 머릿속엔 단 하나, '내가 그리던 바로 그 의자인가?' 하는 질문만이 맴돌았다. 그리고 내 눈앞에 나타난 의자들은 놀랍게도 내가 상상했던 모든 조건과 정확히 일치했다.

진정한 기적은 그다음이었다. 바퀴 달린 판에 의자를 실어 옮기는데, 지하 주차장에서부터 엘리베이터, 교회 입구에 이르기까지 모든 통로를 마치 자로 잰 듯 단 1cm의 오차도 없이 통과했다. 하나님의 세밀하고 정확한 계획하심에 혀를 내두를 수밖에 없었다.

평택의 의자 사건이라는 시행착오가 있었기에 나는 더욱 신중해졌고, 무엇이 우리에게 필요한지 명확히 알게 되었다. 이때 나는 아버지께서는 항상 나의 모든 시행착오를 통해 또 다른 선을 이루신다는 사실을 어렴풋이 깨닫게 되었다. 마태복음 말씀 해석의 진수가 여기서 피어올랐다. 나의 하늘 아빠는 자녀인 내가 돌을 구하면 떡을 주시고, 뱀을 구하면 생선을 주신다는 사실을. 그 헛된 것 같던 과정이 오히려 더 완벽한 결과를 만들어 내는 밑거름이 된 것이다. 모든 경우에서 이 진리를 깨닫게 되니, 이제 내 안에 있던 두려움은 점차 확신으로 변해가고 있었다. 그야말로 합력하여 선을 이루시는 하나님이셨다. 이 사건은 나중에 화평교회 4대 비전 중 1번에 '실패하는 교회'를 넣게 되는 결정적 사건이 되었다.

유튜브에서 온 찬양 인도자?

개척 초반, 나는 외로웠다. 특히 한 명의 성도를 앞에 두고 드리는 예배는, 그 외로움의 깊이를 실감하게 하는 시간이었다. 찬양 인도, 대표 기도, 설교까지 모든 것을 오롯이 혼자 감당해야 했다. 아내가 반주를 맡으면, 예배석에는 어린 아들만 덩그러니 앉아 있는 날도 많았다. 찬양이 끝나고 다음 순서로 넘어가는 그 짧은 정적이 유난히 길고 허전하게 느껴졌다.

그때, 기발한, 혹은 조금은 신선한 아이디어 하나가 떠올랐다. '그래, 유튜브를 활용하자. 유튜브로 찬양 인도자를 모시는 거야.' 우리 교회 형편에 외부 사역자를 초빙하는 것은 언감생심이었기 때문이다.

이왕이면 여성 인도자였으면 했다. 내가 듀엣으로 함께 찬양을 부를 때, 현장감을 살리면서도 음역대가 조화롭기를 바랐다. 나는 꽤나 신중하게 '초빙'할 분을 찾기 시작했다. 나와 음색과 화음이 맞는지, 찬양 스타일이 화평교회의 분위기와 어울리는지, 여러 영상을 보며 고민했다.

바로 그때였다. 아내가 듣고 있던 한 유튜브 찬양 채널에서 너무나 익숙한 목소리가 흘러나왔다. 마치 오래전부터 알고 지낸 사람의 목소리처럼, 낯설지 않고 편안했다. 아무리 기억을 더듬어도 누구인지는 떠오르지 않았지만, 그 음색은 내 마음에 깊은 평안을 주었다.

아내를 통해 그분이 누구인지 알게 된 후, 나는 그 찬양을 반복해서 들으며 함께 노래를 불러보았다. 머릿속으로 그분과 함께 찬양하는 모습을 그려보니, '우리 화평교회 초대 찬양 인도자로 가장 적임자'라는 확신이 들었다. 나는 그분의 찬양 목록을 정리해 연습하기 시작했고, 바로 그 주일부터 우리 교회에는 화면 속의 찬양 인도자가 함께하게 되었다.

아내에게 반주의 부담을 주지 않으면서도, 내 음색과 딱 맞는 잔잔한 찬양으로 예배를 채울 수 있었다. 물론, 화면 속 그분과 함께 찬양하는 나 역시 깊은 은혜를 경험했다.

그렇게 몇 주가 흘렀다. 우리 시찰의 한 목사님 교회에 초대를 받아 차를 마시게 되었다. 목사님은 대화를 나누던 중 찬양을 트셨는데, 스피커에서 너무나도 반가운 목소리가 흘러나왔다. 바로 우리 교회의 '유튜브 찬양 인도자'였다.

나는 놀라움과 반가움을 감추지 못하고 목사님께 여쭈었다.
"아니, 목사님! 이분 어떻게 아십니까? 제가 이분 진짜 팬이고, 지금 화평교회에서 이분 찬양으로 예배드리고 있습니다!"
이어지는 목사님의 대답은, 그야말로 상상도 못 한 이야기였다.
"아, 그 자매 우리 교회 권사님 따님인데요. 해외에 있는데, 얼마 전에도 우리 교회 다녀갔어요."
순간 망치로 머리를 한 대 맞은 듯 멍했다. 그분은 해외에 거주하는 분이셨지만, 바로 이 지역 출신이었고, 심지어 어머니가 우리 시찰 내 교회에 출석하고 계셨다니. 이 기막힌 연결고리를 하나님께서 어떻게 설계하신 걸까.

나는 목사님께 간절히 부탁했다. "목사님, 혹시 따님이 또 오시면 정말 딱 한 번만이라도 뵙고 싶습니다. 꼭 좀 알려주십시오."
나의 그 간절한 바람은 아직 이루어지지 못했지만, 지금도 그때를 생각하면 잔잔한 감동과 함께 소름이 돋는다.
나는 호기심이 참 많은 사람이다. 무엇이든 직접 확인해야 직성이 풀린다. 그래서 누군가에게 후원이나 헌금을 받으면, 그 액수보다 사연이 더 궁금하다. 아빠 하나님께서 이 일을 어떻게 이루셨는지, 그 '비하인드 스토리'가 너무나 알고 싶기 때문이다.

아빠는 나의 이런 성향을 아시고, 이 이야기처럼 늘 친히 확인시켜 주셨다. 내가 굳이 묻거나 찾아다니지 않아도, 저절로 알 수 있도록 모든 조각을 완벽하게 맞춰주셨다. 그리고 그 응답은 거의 대부분 하루를 넘기지 않았다.

아빠 하나님의 그 위대한 설계를 매 순간 느끼고 확인하며 살아가는 것. 나에게는 그것이 이 땅에서 누리는 가장 큰 행복이자, 천국의 기쁨이다.

화평교회는 세워졌지만, 현실의 벽은 여전히 높았다. 특히 매달 돌아오는 월세는 가장 큰 부담이었다. 그러나 과거의 수많은 경험들은 내게 한 가지 확실한 믿음을 주었다. 인간의 계획이 끝나는 곳에서 하나님의 '그랜드 디자인'이 시작된다는 사실이었다. 그리고 그 믿음은 1,000만 원이라는 구체적인 숫자를 통해 다시 한번 내 삶에 증명되었다.

7부

그랜드 디자인,
1,000만 원의 기적

"걱정 마, 아빠가 반드시 채워주실 거야."

어느 주 수요일이었다. 아내가 무거운 표정으로 내게 다가와 말했다. "여보, 교회 월세 내야 하는데… 돈이 하나도 없어요."

아내의 목소리에는 걱정이 가득했다. 그 순간, 과거 코인 투자로 실패했던 기억이나 재정 문제로 늘 아내에게 떳떳하지 못했던 내 모습이 스쳐 지나갔다. 하지만 지금의 나는 달랐다. 의자와 교탁, 차와 인테리어까지, 상상도 못 할 방법으로 채우셨던 '아빠 하나님'을 경험했기 때문이다. 나는 아내의 손을 잡고, 나 자신과 하나님께 선포하듯 말했다.

"얼마 필요한데? 50만 원? 걱정 마. 지금까지 우리를 먹이고 입히신 하나님께서 월세 하나 책임 못 지시겠어? 기다려 봐. 아빠가 반드시 채워주실 거야."

그것은 허세가 아니었다. 수많은 시행착오 끝에 얻게 된, 하나님의 신실하심에 대한 믿음의 선포였다.

첫 번째 조각,
동기 전도사님의 50만 원

그 주 토요일, 나는 한 모임에 간증자로 초청받아 가 있었다. 간증을 마치고 식사를 하고 있는데 아내에게서 전화가 걸려 왔다. 목소리가 심상치 않았다.

"여보, 방금 전에 선교캠프 같이 갔던 정 전도사님 부부가 교회에 찾아왔어요. 과일을 한 아름 사 오셨는데… 봉투도 하나 주고 가셨어."

아내는 말을 잇지 못하고 울먹였다. 봉투 안에는 정확히 월세와 같은 금액 50만 원이 들어 있었다. 정 전도사님 부부의 사연은 이러했다. 바로 내가 아내에게 큰소리쳤던 그 수요일, 정 전도사님은 전도사로서 첫 월급 50만 원을 받으셨다고 한다. 그런데 기도 중에 하나님께서 그 돈 전부를 화평교회에 헌금하라는 마음을 주셨다는 것이다. 첫 월급 전부를 드리는 것이 마음에 갈등이 되어 며칠을 고민하다가, 더는 미룰 수 없어 토요일에야 순종하는 마음으로 찾아왔다며 오히려 미안해했다는 이야기였다.

나는 그 이야기를 듣고 그 자리에 주저앉아 눈물을 흘렸다. 1,000만 원이라는 거대한 그림의 첫 번째 조각이, 가장 순수한 마음을 통해, 내가 믿음으로 선포했던 바로 그 주에 맞춰진 것이다. 이것은 시작에 불과했다.

두 번째 조각, 교수 목사님의 900만 원

나는 간증이 끝나고 차를 마시며 정 전도사님의 헌금 이야기를 주변 분들과 나누게 되었다. 내 앞에는 과거 화평교회 도배를 후원해 주셨던 이 목사님(대학 교수님)이 계셨다. 그날 모임이 끝나고, 인사를 나눈 후 나는 먼저 출발했다. 그때 아내로부터 오는 전화를 받았다. "아무래도, 정 전도사님께 받은 과일 이 목사님 드려야 될듯해요." 그 말을 듣자마자 그게 맞다는 생각이 나도 모르게 들었다. 도착하자마자 정 전도사님께 받은 과일을 챙겨 이 목사님 교회를 찾아갔다. 목사님께 전화를 드렸더니 20분쯤 후에 도착한다고 하셨다. 잠시 후 교회에서 만난 이 목사님은 나를 반갑게 맞으시더니, 테이블 위에 묵직한 봉투 세 개를 올려놓으셨다.

"김 전도사님, 이것은 화평교회 1년 치 월세입니다. 토요일 ATM 기계 출금 한도가 900만 원이라 세 번에 나눠서 뽑아왔습니다."

나는 내 귀를 의심했다. 봉투 안에는 총 900만 원이 들어있었다. 어안이 벙벙한 나에게 목사님은 사연을 설명해 주셨다. 오래전, 어려운 교회를 만나면 1년 치 월세를 내주겠다고 하나님께 서원한 일이 있었다고 한다. 그런데 오늘 나의 간증(정 전도사님의 50만 원 이야기)을 듣는 순간, 까맣게 잊고 있던 그 서원이 떠올랐다는 것이다. 심지어 다음 날 주일 설교 본문이 땅을 팔아 헌금하기로 약속하고 일부를 감춘 '아나니아와 삽비라' 이야기라, "너는 서원을 잊는 사람이 되지 말라."는 하나님의 강력한 음성으로 들렸다고 했다. 그래서 바로 돈을 찾아 달려오셨다는 것이다.

그 순간, 내 머릿속에 두 가지 장면이 스쳐 지나갔다. 첫째는 얼마 전, 다른 교수님이 1,000만 원을 응답받았다는 간증을 듣고 '아빠, 저도 1,000만 원 주세요!'라고 도전적으로 기도했던 일. 둘째는 과거 내가 형님께 300만 원을 드리기 위해 ATM에서 돈을 뽑아 봉투에 담아 달려갔던 일. 하나님께서는 그 모든 것을 기억하고 계셨다. "내가 그 일을 기억하노라."고 말씀하시는 듯했다.

마지막 조각,
아빠의 정확하심

다음 날 주일 아침이었다. 샤워를 하다가 문득 계산을 하고 있는 나를 발견했다. '50만 원 더하기 900만 원은 950만 원인데… 1,000만 원에서 50만 원이 비네?' 이토록 큰 기적을 체험하고도 여전히 부족한 부분을 계산하는 내 모습이 어처구니가 없었다.

바로 그때, "지금 통장을 확인해 보거라." 하는 마음의 음성이 들렸다. 나는 설마 하며 스마트폰으로 계좌를 확인했다. 그리고 내 눈을 의심했다. 정확히 5분 전, 내 통장에 50만 원이 입금되어 있었다. 입금자명은 내가 사임했던 이전 교회 이름이었다.

나중에 알고 보니, 그 헌금은 바로 '박 집사님'께서 하신 것이었다. 페인트칠을 도와주고, '빛가람 광야교회'라는 이름을 막아 주시고, 지금의 화평교회 장소와 인테리어 목사님까지 연결해 주셨던, 이 모든 기적의 출발점이었던 바로 그 집사님. 하나님께서는 이 모든 이야기의 시작과 끝을 박 집사님을 통해 완벽한 고리로 연결시키며, 정확히 1,000만 원이라는 그림을 완성하셨다.

이것은 단순히 돈이 채워진 사건이 아니었다. 각기 다른 사람, 다른 시간, 다른 사연을 하나의 완벽한 이야기로 엮어내신 하나님의 위대한 '그랜드 디자인'이었다. 하나님은 그저 필요를 채우시는 분이 아니라, 우리 삶의 모든 조각을 사용해 당신의 신실하심을 증명하시는, 살아 계신 '아빠 하나님'이셨다.

8부

목사 안수,
화평의 사명으로 가는 길

꼼수와 떼쓰기:
강도사 고시의 기적

2020년, 목사가 되기 위한 기나긴 여정의 '최종 보스' 격인 강도사 고시가 코앞으로 다가왔다. 학자 스타일과는 거리가 멀고, 정해진 틀에 맞춰 공부하는 것을 지독히도 싫어하는 내게 '고시'라는 단어는 생각만 해도 온몸에 두드러기가 돋는 듯한 스트레스였다.

그런데 바로 그해, 기적이 일어났다. 수십 년간 유지되던 시험 방식이 바뀌어, 난생처음으로 '문제은행 문제집'이라는 것이 출판된 것이다! 이것은 신학 이론을 깊이 파고드는 왕도(王道)가 아닌, 문제와 답을 통째로 외우는 '꼼수'의 길을 선호하는 나를 위한 아빠의 완벽한 맞춤형 선물이었다.

나는 이론서는 과감히 덮어두고, 오직 문제집 하나만 파고들었다. 마치 시험지 유출 정보를 입수한 수험생처럼, 문제와 답을 사진 찍듯 머릿속에 구겨 넣었다. 그리고 시험 당일, 나는 내 꼼수의 위력을 유감없이 발휘했다. 시험지를 받자마자 10분 만에 모든 답안을 작성하고 유유히 일어섰다. 내 모습을 본 감독관 목사님은 "허허, 내가 문제를 너무 쉽게 냈나 보구먼…."이라며 혀를 차셨다. 하필 그 많은 시험장 중에 내가 있던 시험장에 출제하신 분이 오신 것이었다.

필기시험이 꼼수의 승리였다면, 면접은 더 노골적인 아빠의 '정답 유출' 사건이었다. 점심을 먹으며 기도하는데, 마음속에 어떤 질문 하나가 스크린에 자막처럼 선명하게 떠올랐다. '코로나 사태에 비대면 예배를 드리는 것에 대해 어떻게 생각하나요?' 나는 그 질문에 대한 답을 마음속으로 곱씹으며 면접장으로 들어갔다.

"김진석 전도사, 들어오세요."

내 앞에 앉은 연배 지긋하신 면접관 목사님께서 입을 여셨다.

"음… 전도사님은 코로나 사태에 비대면 예배를 드리는 것에 대해 어떻게 생각하나요?"

소름이 돋았다. 나는 마치 준비된 모범 답안을 발표하는 학생처럼, 마음속에 준비했던 이야기들을 신나게 풀어놓았다. 내 이야기 속에서 개척교회 이야기가 나오자, 면접관 목사님의 눈이 반짝 빛나기 시작했다. 딱딱하던 면접장의 분위기는 순식간에 사라지고, 목사님은 마치 오랜 동지를 만난 듯 당신의 이야기를 쏟아내셨다. 은퇴를 앞둔 연세에, 개척 초기의 그 뜨거움을 잊지 못해 최근에 다시 교회를 개척하셨다는 것이었다. 나중에 알게 된 사실은 더 기가 막혔다. 그 목사님이 세우신 교회의 이름 역시, 놀랍게도 '화평교회'였다. 송 권사님 부탁으로 권사님 아드님이 다니시려고 하는 교회를 알아보다 알게 된 사실이었다. 아빠는 면접장에서 미래의 동지를 미리 만나게 하시는 이벤트까지 준비해 두셨던 것이다.

하지만 진짜 큰 산은 따로 있었다. 바로 '논문'이었다. 난독증이 있는 내게 수많은 책을 인용하며 논리적인 글을 쓰는 것은 고문 그 자체였다. 나는 애써 그 사실을 외면하며 차일피일 미루다, 동기 전도사님 전화를 받고 사색이 되었다. 제출 마감일이 고작 2주 앞으로 다가와 있다는 것이었다.

머릿속이 하얘지는 순간, 내 안의 모든 이성이 마비되었다. 나는 그 자리에 벌러덩 드러누워 버렸다. 어린아이가 장난감을 사 달라고 조르듯, 바닥을 뒹굴지만 않았을 뿐, 나는 온 영혼을 다해 아빠에게 떼를 쓰기 시작했다.

"아빠! 저 강도사 안 할랍니다! 2주 가지고는 논문 죽어도 못 해요! 이럴 거면 목사 안 할래요! 그냥 다 그만둘래요! 못 해! 아니 안 해!"

그렇게 한바탕 진상을 부리고 지쳐 잠이 들었던가. 바로 다음 날 아침, 핸드폰에 문자 한 통이 도착했다.

총회 공지: 강도사 고시 논문 제출 기한을 2주 연기합니다.
사유: 코로나-19 확산 방지

나는 눈을 비비고 문자를 몇 번이나 다시 읽었다. 비대면 온라인 제출이라 코로나와는 아무 상관도 없었지만, 아빠는 그런 건 아무래도 좋다는 듯, 나의 떼쓰기 전용 맞춤 응답을 보내주신 것이다.

나는 기적처럼 얻은 4주라는 시간 동안, 정말이지 영혼까지 갈아 넣어 겨우 논문을 완성했고, 마감일 하루 전날 제출할 수 있었다. 2021년, 그렇게 나는 꼼수와 떼쓰기, 그리고 아빠의 기막힌 응답들로 가득했던 마지막 관문을 통과하고 마침내 목사 안수를 받게 되었다. 나의 약함과 부족함이, 이토록 유쾌한 간증이 될 줄이야. 모든 것이 전적인 아빠의 은혜였다.

홍삼 세트와
'화평교회'의 탄생

전도사로 사역했던 교회를 떠날 때, 담임목사님과의 관계가 매끄럽지 못해 마음 한구석이 무거웠다. 그런데 개척을 준비하던 중, 하나님께서 자꾸만 그 목사님께 찾아가라는 마음을 주셨다. 마트에서 스승의 날 선물로 나온 홍삼 세트가 눈에 들어왔다.

'싫습니다! 그분께는 가고 싶지 않아요!'라고 저항했지만, 이내 말씀이 떠올랐다.

"화평하게 하는 자는 복이 있나니… 너는 내 아들이니 가서 화평을 이루라."

나는 무거운 발걸음을 옮겨 목사님을 찾아뵈었다. 서운했던 마음을 내려놓고 진심으로 감사 인사를 전했을 때, 목사님은 환하게 웃으시며 내 머리에 손을 얹고 축복기도를 해주셨다. 꽁꽁 얼어붙었던 마음의 앙금이 눈 녹듯 사라지는 순간이었다.

그때, 아빠의 음성이 다시 들려왔다.

"보았느냐. 이제 너의 교회 이름은 '화평교회'다. 너는 화평의 사자가 되어 내 아들로 살아가거라."

그렇게 눈물과 찬양 속에서, 내 사명이자 비전인 '화평교회'의 간판을 걸게 되었다.

화평의 종,
사자굴에 서다

개척을 하고 신학대학원을 다닐 때, 유독 학교에서 다툼이 잦았다. 얼마나 싸움이 많았으면 총장님이 전교생이 모인 예배 설교 시간에 "제발 이제 그만 좀 싸우라."고 간절히 호소할 정도였다.

그러던 어느 날, 강의 중간 쉬는 시간에 사건이 터졌다. 2학년 후배 전도사와 3학년 동기 전도사 사이에 큰 싸움이 벌어진 것이다. 복도는 두 사람의 고성으로 떠나갈 듯했고, 그 소리에 많은 신학생이 복도로 나와 상황을 지켜보고 있었다. 3학년 동기는 후배를 심하게 다그쳤고, 2학년 후배는 격렬하게 항의했다.

놀라운 것은, 그 누구도 그들을 말리지 못하고 있었다는 사실이다. 둘 다 키가 180cm가 넘는 건장한 체격의 남자들이었다. 그들이 지르는 괴성은 흡사 수사자 두 마리가 포효하며 싸우는 것과도 같았다. 곧 살인이라도 날 것 같은 험악한 분위기였다.

나도 복도로 달려 나갔지만, 그 어마어마한 기세에 망설여졌다. 마음속에서는 '가서 말려야 한다.'고 외쳤지만, 마음은 원이로되 육신이 약했다. 솔직히 많이 두려웠다. 160cm가 조금 넘는 키를 가진 내가 끼어들었다가는 뼈도 못 추릴 것 같았다. 내 발은 바닥에 붙어 떨어지지 않았다. 나도 그저 구경꾼 중 한 사람으로 남아 있을 뿐이었다.

그런데 바로 그 순간, 내가 두 마리의 성난 수사자 사이에 서 있었다. 마치 누군가 등 뒤에서 나를 떠민 것처럼, 나는 그 싸움의 한복판에 서 있었다. 그 위협적인 상황 속에서, 아빠가 내게 말씀하셨다.

"화평의 종아, 지금은 너의 시간이다."

어디서 그런 용기가 났을까. 나는 나도 모르게 눈물을 펑펑 흘리며 2학년 후배 전도사를 끌어안았다. 그리고 그의 등을 토닥이며, 그의 가슴과 등에 번갈아 손을 얹고 간절하게, 그러나 나지막이 속삭이듯 기도하기 시작했다. 이어서 3학년 동기 전도사의 가슴에도 손을 얹고 번갈아 가며 기도했다.

　떠나갈 듯 시끄럽던 복도는 순간 조용해졌다. 맞을 것 같다는 두려움은 온데간데없이 사라지고, 내 마음에는 깊은 평온이 찾아왔다. 그렇게 날뛰던 2학년 후배 전도사는 어느새 순한 양처럼 잠잠해져 자기 강의실로 돌아가기 시작했다. 아직 분이 덜 풀린 3학년 동기가 그를 향해 무언가 더 소리치려 하자, 나는 그의 곁에 바짝 붙어 "전도사님, 제발요."라고 외치며 그의 가슴과 등에 손을 얹고 계속 기도했다. 포효하던 그 역시 잠잠해졌다.

　다음 날, 내 전화번호를 어떻게 알았는지 2학년 후배 전도사에게서 전화가 걸려 왔다. 나는 그 전화에 또 눈물이 터지고 말았다. "전도사님, 정말 죄송하고 감사합니다. 전도사님 덕분에 살인을 면한 것 같습니다. 그 시간이 조금만 더 길어졌으면 흉기를 들 정도로 이성의 끈을 놓고 있었습니다. 그런데 놀랍게도 전도사님이 제 가슴에 손을 얹고 기도하시자, 그 분노가 한순간에 사그라들었습니다."

　그는 자신이 고아로 자라 의지할 데 없이 힘겹게 살아왔다고 고백했다. 그날 아무도 자신을 돌아보지 않았는데, 알지도 못했던 내가 눈물로 해주는 기도를 통해 하나님의 사랑을 직접 느낄 수 있었다고 했다.

그때, 아빠는 나지막이 내게 말씀하셨다.

"보았느냐?"

나는 또한 그렇게 눈물을 흘리며, 화평교회의 목사로서, 하나님의 아들이라 불리는 화평의 사자로서의 부름을 다시 한번 내 영혼에 새기게 되었다.

가장 두려웠던
목사님의 안수기도

화평교회에 2020년부터 선교캠프에서 만났던 마 목사님의 동생인 마 권사님이 출석하게 되셨다. 권사님의 존재는 내게 큰 힘이 되었지만, 동시에 마음 한구석을 무겁게 짓누르는 불안의 근원이기도 했다. 권사님이 이전에 섬기셨던 교회의 담임목사님은 우리 노회에서 모르는 사람이 없을 정도로 영향력이 크신 분이셨다. 동시에 성도들의 수평 이동에 대해서는 상당히 민감하시다는 소문이 파다했다.

그 소문은 내게 현실적인 공포였다. 노회에 참석할 때마다 나는 그 목사님의 눈에 띄지 않으려고 일부러 구석진 자리를 찾아 숨기 바빴다. 혹여나 복도에서 마주칠까 봐 심장이 철렁 내려앉기 일쑤였고, 내 이름이 불릴 때마다 등줄기에 식은땀이 흘렀다. '언젠가 마 권사님 일로 나를 부르시면 어떡하지?' 하는 불안감은 늘 나를 위축시켰다.

그 두려움은 내가 목사고시를 보는 날, 더욱 구체적인 현실이 되어 나를 덮쳤다. 시험장에 들어섰을 때, 고시위원으로 앉아 계신 그 목사님의 얼굴을 발견하고는 숨이 턱 막혔다. 하필이면 권면의 시간에, 그 목사님께서는 다른 교회 성도가 자기 교회로 오면 절대 받아서는 안 된다는 내용의 권면을 하셨다. 그 말씀의 모든 가시가 나를 향해 날아오는 것 같아, 고개를 들 수 없었고 앉아 있는 내내 몸 둘 바를 모를 정도로 불편했다. 그때까지만 해도 목사님은 마 권사님이 화평교회에 오신 것을 모르고 계셨지만, 나는 이미 죄인이 된 기분이었다.

그리고 1년 뒤인 2021년, 내가 목사 안수를 받는 날, 그 두려움은 정점에 달했다. 안수식은 목회자로서 새롭게 태어나는 가장 거룩하고 영광스러운 자리였지만, 내 마음은 불안으로 요동쳤다. 안수 위원 명단에, 내가 가장 피하고 싶었던 바로 그 목사님의 이름이 선명하게 적혀 있었기 때문이다.

'하필이면 왜… 하나님, 제발 저 목사님만은 아니게 해주세요.'

나는 단상에 무릎을 꿇고 기도하는 내내 속으로 애원했다. 여러 안수 위원 목사님들이 안수 대상자들의 머리 위에 손을 얹기 위해 움직이기 시작했다. 제발 다른 분이, 다른 분이 내게 오시기를… 하지만 간절한 바람과는 달리, 묵직한 발걸음 소리가 점점 가까워지더니, 내 앞에 멈춰 섰다. 감고 있던 눈꺼풀 위로 커다란 그림자가 드리워졌다.

나는 차마 눈을 뜰 수 없었다. 그리고 다른 네 분의 목사님 손보다 내 머리 위에 제일 먼저 묵직하게 얹히는 손. 그 손의 무게만으로도 누구인지 알 수 있었다. 바로 그 목사님이셨다. 온몸의 피가 차갑게 식는 것 같았고, 등은 딱딱하게 굳어버렸다. 바로 그 순간, 내 마음 깊은 곳에서 폭풍 속의 고요함처럼, 너무나 따뜻하고 선명한 아빠의 음성이 들려왔다.

"너의 마음을 내가 안다. 그래서 내가 그가 너에게 안수하게 한 것이다. 이것은 마 권사를 너에게 공식적으로 양도하는 예식이니라."

그 음성을 듣는 순간, 내 안에서 무언가 '툭' 하고 끊어지는 것 같았다. 두려움으로 얼어붙었던 마음이 뜨거운 감격으로 녹아내렸고, 감았던 눈시울이 뜨거워졌다. 이것은 꾸지람의 자리가 아니라, 축복과 위임의 자리였다. 내 가장 큰 두려움을 사용하셔서, 가장 확실한 방법으로 나를 안심시키시는 아빠의 방식이었다. 머리 위에 얹힌 손길이 더 이상 두렵지 않았다. 오히려 그 기도는 내 평생에 받은 가장 큰 축복의 기도가 되었다.

그렇게 2년이라는 시간이 흘렀다. 화평교회는 하나님의 은혜로 성장하여 2023년, 감격적인 설립예배를 드리게 되었다. 놀랍게도 그날, 그 목사님께서 노회장이 되어 축도 순서를 맡아 화평교회에 오셨다. 예전의 내가 상상도 할 수 없는 일이었다. 마 권사님은 그 목사님이 오신다는 소식을 들으시고, 하나님이 주신 감동이라며 손수 아름다운 꽃다발을 준비하셨다. 나는 그것이 하나님의 완벽한 한 수임을 직감했다. 권사님은 "저를 잘 가르쳐 주셔서 개척교회에 파송되어 잘 섬기게 해주셔서 감사합니다."라고 감사 인사를 드리며 그 꽃을 단에 오르신 목사님께 드렸다.

그때 내 눈에 목사님의 마음이 봄눈 녹듯 녹아내리는 것이 보이는 듯했다. 그분은 환한 미소를 지으시며 권사님께 말씀하시고, 이어 모든 청중을 향해 선포하셨다.

"아, 권사님 어디 개척교회로 가셨다더니 여기로 오셨어요? 제가 우리 권사님 개척교회 가신다고 하시길래, 가시라고 파송하였습니다!"

그 말씀 또한 사실이었다. 내가 이전에 권사님께, 교회를 떠날 때 반드시 목사님께 말씀드리고 축복을 받고 떠나시라고 권면했었기 때문이다. 과거의 작은 순종이 오늘 이 화평의 역사를 이루는 연결고리가 된 것이다.

그 목사님은 권사님과 나를 보며 다시 한번 축복하셨다.

"권사님, 화평교회에서 열심히 사역하세요!"

그러고는 권사님과 화평교회를 위한 선교 후원금까지 약속하고 보내주셨다.

하나님께서는 그렇게 나의 가장 큰 두려움을 가져다가, 가장 큰 축복과 화평의 통로로 완전히 바꾸어 놓으셨다.

장모님의 찬양,
"하나님이 세상을 이처럼…"

내 결혼 생활의 첫 번째이자 가장 절실했던 기도 제목은 바로 장모님의 구원이었다. 장모님의 삶은 '고단함'이라는 한 단어로 다 표현할 수 없는 무게를 지니고 있었다. 젊은 나이에 남편과 사별하신 뒤, 홀로 두 자녀를 키워내신 것만으로도 버거웠을 터인데, 장모님께는 또 하나의 큰 짐이 있었다. 바로 시아버지를 모시는 일이었다.

장모님의 시아버지는 6.25 전쟁에 참전하셨고, 그 끔찍한 전쟁의 상흔은 평생을 가는 트라우마로 남았다. 그 트라우마를 곁에서 온전히 감당하며 견뎌내야 했던 사람이 바로 장모님이셨다. 남편 없는 집에서, 전쟁의 악몽에 시달리는 시아버지를 봉양하며 두 자녀의 생계까지 책임져야 했다. 또한, 2남 2녀의 장녀로서 동생들의 문제를 걱정하고 해결하는 문제도 만만치 않았다. 동생들은 많은 문제들을 안고 있었고, 장모님은 늘 자신을 의지하는 동생들을 감당해야만 했다. 그 기나긴 세월. 장모님의 어깨를 짓누른 삶의 무게는 감히 상상하기 어려웠다.

그런 장모님께 교회와 신앙은 늘 먼 나라 이야기였다. 지난 10년간, 우리 부부가 교회 이야기를 꺼낼 때마다 장모님의 대답은 한결같았다.
"너희들끼리나 잘 다녀라. 나한테는 그런 말 하지 말고."
그 단호한 목소리에는 세상의 풍파를 온몸으로 막아내느라 신을 생각할 겨를조차 없었던 한 여인의 지친 마음이 담겨 있었다.
그런데 내가 신학을 시작하고, 실패투성이 내 삶에 개입하시는 하나님의 기적들을 하나둘 나누기 시작했을 때, 기적 같은 일이 일어났다. 굳게 닫혔던 장모님의 입에서, 화평교회 개척에 가장 강력한 동기가 된 한마디가 불쑥 튀어나온 것이다.
"내가 나중에 자네가 교회 하면, 그 교회를 나가겠네."
나는 내 귀를 의심했다. 10년간 단 한 번도 열리지 않던 그 마음의 문이, 실패한 사위가 전하는 하나님의 이야기를 통해 아주 조금 열린 것이었다. 그 한마디는 내게 개척을 향한 가장 강력한 확신을 주었다. 만약 화평교회 개척의 일등공신을 꼽으라면, 나는 주저 없이 장모님을 꼽을 것이다.

그리고 화평교회가 세워진 후, 정말로 장모님은 약속대로 교회에 출석하시기 시작했다. 이제는 세례를 받고 교회의 든든한 집사님이 되셨다. 장모님의 뛰어난 요리 솜씨 덕분에 주일 점심은 늘 잔칫날 같았고, 화평교회에 '빛가람 맛집'이라는 별명이 붙을 정도였다.

그러던 어느 날 오후, 장모님은 내게 놀라운 고백을 하셨다. 그 고백은 바로 곁에 있던 따님, 내 아내조차 한 번도 들어본 적 없는 이야기였다.

"내가 어렸을 때 동네 아이들이 부르는 찬양을 한번 들었는데, 그게 평생 잊히지가 않아서 마음속으로 계속 불러왔다네."

"어떤 찬양인데요, 어머니?"

내가 여쭈었더니, 장모님은 그 자리에서 정확한 음과 가사로 노래를 부르기 시작하셨다.

"하나님이 세상을 이처럼 사랑하사 독생자를 주셨으니… 요한복음 3장 16절."

나는 터져 나오는 눈물을 주체할 수 없었다. 아, 그랬구나. 사실은 내가 전도하기 훨씬 이전부터, 아주 오랜 시간 전에, 하나님께서 이미 이 한 곡의 찬양으로 장모님의 마음을 부르고 계셨구나. 그 모진 세월 속에서, 이 찬송가가 장모님의 마음속에서 희미한 등불처럼 꺼지지 않고 있었구나. 지금 이 글을 기록하면서도 내 눈에는 눈물이 계속 흘러내린다.

그제야 모든 퍼즐이 맞춰졌다. 내가 이 가족의 일원이 된 이유가, 그리고 이 길고 긴 시간을 돌아 마침내 이곳에 교회를 세우게 된 이유가 바로 여기에 있었음을 깨달았다.

9부

삶이 예배가 되는 교회

자율성이라는
낯선 실험

화평교회는 '삶의 예배자'들이 모여 하나님의 화평을 누리는 공동체를 꿈꾼다. 그래서 우리는 정해진 틀보다 성도들의 자율성을 존중한다. 오후 예배는 서로의 생각을 자유롭게 나누는 '열린 예배'로 드리고, 헌금은 이름 없이 자원하는 마음으로 드린다.

이런 낯선 방식은 때로 오해와 비판을 낳았다. "왜 사랑 설교만 하십니까?", "목사님 아들도 교회에 잘 안 나오는데, 우리 아이들을 어떻게 데리고 나옵니까?" 이런 비판들로 인해 교회를 떠나는 분들도 계셨다. 마음이 아팠지만, 나는 강요가 아닌 자원함으로 움직이는 교회의 방향성을 포기할 수 없었다.

동전 헌금과
택시기사의 눈물

화평교회의 '이름 없는 헌금' 방식은 많은 분을 불편하게 했다. '이러다 교회 재정이 괜찮을까?' 하는 염려와 비판 속에서, 솔직히 나 역시 이 길이 맞는지 흔들릴 때가 있었다. 그 연약한 믿음을 붙들어 주신 것은, 거창한 신학적 논증이 아닌 억수같이 비가 쏟아지던 어느 늦은 밤의 택시 안에서였다.

2019년 2학기, 해외 단기 선교를 마치고 인천공항을 거쳐 광주 터미널에 도착하기 전 이미 자정을 훌쩍 넘긴 시간이었다. 달리는 버스 위로 차가운 밤비가 세차게 쏟아졌다. 가로등 불빛은 빗줄기 속에 번져 흐릿했고, 집으로 가는 길이 막막하게만 느껴졌다. 나는 나도 모르게 짧고 간절한 기도를 올렸다.

"아빠, 내리자마자 '나주' 가는 택시를 만나게 해주세요."

터미널 건물 안으로 들어서는 바로 그 순간, 거짓말처럼 한 기사님이 출입문을 향해 외치고 있었다. "나주, 해남, 완도 가실 분!"

마치 내 기도를 듣고 기다렸다는 듯한 그 목소리에, 내 귀를 의심했다. "혹시, 어디 가신다고 하셨죠?", "예. 나주, 해남, 완도요." 바로 놀라고 감사한 마음을 안고 택시에 올라탔다. 이 놀라운 기적에 마음이 열렸기 때문일까, 나는 자연스럽게 내가 겪은 하나님 이야기를 기사님과 나누기 시작했다. 한참을 잠잠히 듣고 있던 기사님이, 무거운 목소리로 자신의 이야기를 꺼냈다.

그는 경제적으로 너무나 힘들었던 시절이 있었다고 했다. 하루하루 버티기 어려웠던 어느 주일, 그의 아내가 온 집 안의 동전이란 동전은 전부, 서랍과 돼지 저금통까지 탈탈 털어 봉투에 담아 감사헌금을 드렸다고 한다. 그것은 그들이 드릴 수 있는 전부이자, 가장 진실한 마음이었다. 하지만 그 마음은 교회에서 끔찍한 상처로 돌아왔다. 교회에 '어떻게 헌금을 동전으로 할 수 있냐.'는 비난의 소문이 돌았고, 그들은 사람들의 시선과 수군거림을 견디지 못하고 결국 교회를 떠나야만 했다는 것이었다.

기사님의 이야기를 듣는 순간, 나는 망치로 머리를 맞은듯한 충격과 함께 온몸에 소름이 돋았다. 그리고 내면 깊은 곳에서 너무나도 선명한 하나님의 음성이 들려왔다.

**"보아라. 나는 사람의 시선을 의식하는 예물이 아닌,
너의 마음을 원한단다. 네가 가는 길이 맞다."**

하나님께서는 한 택시기사의 입을 통해, 이름 없는 헌금 방식을 두고 흔들리던 내게 가장 필요한 확신을 주고 계셨다. 하나님은 이렇게 우리의 일상 가장 깊은 곳, 가장 평범한 만남 속으로 찾아오셔서 당신의 뜻을 말씀하시는 분이다.

나도 쓰레기입니다

아내와 아들, 그리고 장모님. 텅 비었던 화평교회에 여섯 명의 새 가족이 한꺼번에 등록한 그날, 나는 세상을 다 얻은 듯 기뻤다. 썰렁하던 예배당에 찬양 소리가 가득 차고, 교제가 풍성해졌다. 개척교회 목회자가 겪는 지독한 외로움에서 드디어 벗어나는구나, 안도의 한숨을 쉬었다.

하지만 그 기쁨은 오래가지 않았다. 장로님을 중심으로 한 그분들은 특정 선교단체 소속이었고, 얼마 지나지 않아 나에게도 그 단체의 훈련을 강하게 권유하기 시작했다.

"전도사님도 오셔서 배우셔야 합니다. 저쪽 교회 목사님도 와서 배우고 계세요. 거기서 인맥을 넓히면 공기업의 높은 사람들이 화평교회로 몰려올 겁니다."

성도의 숫자가 늘어날 것이라는 달콤한 유혹에 마음이 흔들리는 순간, 내 영혼 깊은 곳에서 아빠의 낮고 분명한 음성이 울려 퍼졌다.

"아들아, 너는 숫자를 바라보느냐? 아니면 나를 바라보느냐?"

정신이 번쩍 들었다. 나는 사람 숫자에 연연하는 목회를 하지 않겠다고 다짐하지 않았던가. 흔들리는 마음을 다잡고, 미소로 그들의 권유를 정중히 거절했다.

그날 이후, 그들은 노골적으로 자신들의 신앙 색깔을 드러냈다. 심지어 사도신경이 잘못되었다며, 예배 중 신앙고백을 거부하는 일까지 벌어졌다. 우리 아빠는 계속해서 말씀하셨다. "그들을 내보내야 한다." 하지만 나는 망설였다. 텅 빈 예배당의 외로움을 다시 마주할 용기가 없었다. 여섯 명이라는 숫자는, 당시 나에게 포기할 수 없는 세상의 힘이었다.

망설이는 나를 향해, 하나님께서는 설교 강단에서 불호령을 내리셨다. 그날 교역자회 본문은 출애굽기 32장, 금송아지 사건이었다. 말씀을 읽고 묵상하는데, 아론의 모습이 비겁한 내 모습과 정확히 겹쳐 보였다.

"누구든지 여호와의 편에 있는 자는 내게로 나아오라! …너는 어느 편에 서 있느냐. 이제 너는 내 편에 서서 칼을 빼 들어라. 그리고 썩어가는 환부를 도려내어라."

나는 이 무거운 고민을, 평소 존경하며 교류하던 은퇴를 앞둔 한 시찰 목사님께 유일하게 털어놓았다. 며칠 뒤, 그 목사님께 다급한 전화가 걸려 왔다. 새벽기도 중에 "화평교회가 위험하다. 당장 그들을 내보내라."는 하나님의 강한 감동을 받으셨다는 것이다. 제3자를 통해서까지 확인시켜 주시는 하나님의 뜻 앞에, 나는 더 이상 물러설 곳이 없었지만, 그럼에도 발걸음이 떨어지지 않았다.

그런데 그날 오후, 마트에 장을 보러 갔다가 입구에서 그 목사님과 딱 마주쳤다. 수많은 마트와 그 넓은 공간에서, 그 시간에 마주칠 확률이 얼마나 될까. 목사님은 나를 조용히 붙잡고 "하나님의 뜻이니 결단해야 합니다."라며 다시 한번 용기를 주셨다. 아빠는 내 모든 도망갈 구멍을 막고 계셨다.

나는 비장한 각오로 주일을 맞이했다. 오전 예배 내내 속으로 부르짖었다. '아빠, 언제입니까? 어떻게 말해야 할까요? 도무지 용기가 나지 않습니다.'

점심 식사 후, 아빠가 나를 재촉하셨다. "지금 당장 예배당에 가보거라."

예배당으로 돌아왔을 때, 나는 장로님이 갓 결혼한 신혼부부와 청년을 앉혀놓고 무언가를 가르치고 있는 장면을 목격했다. 그 순간, 굶주린 맹수가 순한 양을 덮치는 환상이 섬광처럼 내 눈을 스쳐 지나갔다. 그리고 내 영혼을 뒤흔드는 추상같은 목소리가 들려왔다.

"이 양을 내가 너에게 맡겼거늘, 어찌하여 내 양을 지키지 않느냐? 네가 그들을 내보내지 않으면, 이제 내가 너를 화평교회에서 내보낼 것이다."

나는 온몸의 피가 차갑게 식는 것을 느꼈다. 그렇게 두렵고 무서운 아빠는 처음이었다. 더 이상 버틸 수가 없었다. 오후 예배를 겨우 마치고, 나는 장로님을 멈춰 세웠다. 떨리는 목소리를 가다듬고 입을 열었다.

"장로님, 정말 죄송합니다. 저는 성도 한 사람이 아쉬운 개척교회 전도사입니다. 하지만 하나님께서 장로님 일행을 내보내라고 하십니다. 오늘 저에게 상의 없이 성도들을 따로 교육하신 것은, 하나님께서 도저히 용납할 수 없는 일이라고 하십니다. 다음 주부터는 다른 교회로 출석해 주셨으면 좋겠습니다."

놀랍게도 장로님은 아무 저항 없이, 내 말을 묵묵히 들으시더니 고개를 끄덕이셨다. 그러고는 일행들과 함께 소리 없이 교회를 떠나셨다. 폭풍이 지나간 예배당에는 다시 정적과 외로움이 내려앉았다.

하지만 이야기는 거기서 끝나지 않았다. 3주쯤 지났을까. 그 일행 중 한 남자 성도님이 굳은 표정으로 화평교회를 다시 찾아왔다. 그는 예배당 입구에 서서 강대상에 있는 나를 향해, 손바닥이 위로 향하게 하는, 아랫사람을 부르는 듯한 손짓을 했다. 모욕적인 행동이었지만, 나는 조금도 당황하지 않았다. 아빠께서 오늘 그가 찾아올 것이라고 미리 말씀해 주셨기 때문이었다.

테이블을 사이에 두고 마주 앉자, 그는 "쓰레기 같은 목회자들을 너무 많이 만났다."며 울분을 토했고, 내가 장로님께 사과하고 다시 모셔 와야 한다고 강하게 주장했다. 나는 그의 모든 말을 잠자코 들어준 후, 최대한 공손하고 부드럽게 말했다.

"성도님의 마음은 충분히 이해합니다. 하지만 저 또한 하나님의 명령을 따라 움직이는 그분의 종입니다. 하나님께서 기뻐하시지 않는 일을 제 마음대로 할 수는 없습니다."

나의 단호하지만 거듭된 진심 어린 대답에, 그의 태도는 처음보다 많이 온화해졌다. 나는 자리에서 일어나 엘리베이터까지 그를 배웅했다. 문이 닫히기 직전, 나는 그를 바라보며 내 마음 가장 깊은 곳의 고백을 꺼냈다.

"성도님, 사실 저도 예수님이 아니면, 성도님께서 말씀하신 그 쓰레기 중의 한 사람일 뿐입니다."

그 순간, 그의 얼굴에 스쳐 지나간 복잡한 표정을 지금도 잊을 수 없다. 놀람, 당황, 부끄러움, 그리고 무언가를 인정하는 듯한 묘한 표정. 그는 내게 정중히 고개 숙여 인사하고 떠나갔다. 나의 가장 낮은 고백 속에서, 하나님께서는 역설적으로 관계를 회복시키는 화평의 열매를 맺게 하신 것이다.

훗날 하나님께서는 이 일에 대해 자세히 설명해 주셨다. 그분들은 화평교회 안에 자신들의 교회를 세우려 하고 있었다고, 마음은 아프지만 그 환부를 도려내지 않으면 몸 전체가 병들기에, 어쩔 수 없이 수술칼을 드셨다고 말이다. 나는 그때 깨달았다. 때로는 아픔을 감수하고서라도 전체를 살리기 위해 단호한 결정을 내리시는 것 또한, 아버지의 사랑이라는 것을.

실패하는 교회,
성장하는 교회

화평교회 예배당 준비가 모두 끝나고, 마침내 감격적인 첫 예배의 날이 밝았다. 우리 부부와 아들, 이렇게 단 세 명의 예배를 생각하고 있었는데, 놀랍게도 처음 뵙는 한 분이 예배당 문을 열고 들어오셨다. 화평교회 자리를 내어주신 목사님께서 계속 참석을 권유하셨다는 것이었다. 우리 가족만의 예배가 아닌, 첫 외부 성도와 함께 드리는 예배라니. 놀랍고 감사한 시작이었다.

하지만 나의 첫 설교는 그 감격에 미치지 못했다. 당시 교리에 빠져 있던 나는, 오로지 예수 그리스도를 바르게 증거해야 한다는 사명감에 불타올라 있었다. 내 입에서는 생명력 넘치는 말씀

대신, 머리로만 외운 딱딱한 교리가 기계처럼 쏟아져 나왔다. 설교는 길고 지루했다. 그 부족한 설교를 묵묵히 참고 들어준 아내에게 이 자리를 빌려 진심으로 감사하다고 말하고 싶다.

개척 초반, 내가 기대했던 지인들은 오지 않거나, 와도 금방 떠나갔다. 나는 하나님께서 보여주신 그 수많은 기적들 때문에, 교회가 세워지자마자 발 디딜 틈 없이 꽉 찰 것이라 순진하게 믿었다. 오히려 예배당이 너무 작은 것은 아닌지 걱정할 정도였다.

그러나 현실은 냉정했다. 텅 빈 의자들을 보며 낙심하여 하나님께 구하면, 오히려 이런 반문이 돌아왔다.
"한 생명이 천하보다 귀하다고 생각하느냐? 그렇다면 그 한 영혼을 데리고도 목회를 끝까지 해낼 수 있겠느냐?"
너무나 서운하고 실망스러웠다. 성도와 눈을 맞추며 교감하는 것이 내 설교의 기쁨인데, 단 한 명을 앞에 두고 설교해야 하는 현실이 어이가 없었다. 그러던 어느 날, 여느 때처럼 아내 한 명을 바라보며 설교를 하고 있는데, 갑자기 하나님께서 예배당 안이 가득 차 있는 영적 실재를 환상처럼 느끼게 해주셨다. 한 명이 한 명이 아니었다. 수많은 천사들이 예배당에 가득 앉아 있는 것이 느껴졌다. 그 순간, 세상 무엇과도 바꿀 수 없는 든든함이 내 온몸을 감쌌다. 그 후로 나는 다시는 예배당에 앉은 사람의 숫자에 연연하지 않을 수 있게 되었다.

그렇게 눈에 보이는 것이 아닌 보이지 않는 하나님 나라를 의지하게 되었을 때, 나의 또 다른 연약함 역시 축복의 통로가 되기 시작했다. 나는 앞서 밝혔듯 난독증이 심해 원고를 보고 설교할 수가 없었다. 그래서 처음에는 원고 전체를 통째로 외워야만 했다. 하지만 이 연약함은 오히려 나를 원고에 갇히지 않게 하는 자유를 주었다. 성도들 한 사람 한 사람의 눈을 맞추고, 설교하는 그 순간 주시는 하나님의 감동에 온전히 반응할 수 있게 된 것이다. 말하는 나 자신도 듣는 자로서 함께 은혜를 받는, 최고의 설교 시간이 되었다.

이렇듯 나의 실패와 연약함은 언제나 하나님의 일하심을 경험하는 통로가 되었다. 나는 실패를 통해 성장하게 하시는 하나님이 너무 좋았다. 그 의미를 담아, 화평교회 4대 비전 중 하나로 '실패하는 교회'라고 적었다. 하지만 이 표어는 곧장 큰 꾸지람을 마주해야 했다. 한 시찰 목사님께서 혀를 차며 말씀하셨다.

"아니, 성공하는 교회라고 해도 성도들이 올까 말까 한데 무슨 실패하는 교회요! 성도들 다 떠날 일 있소?"

그래도 나는 꿋꿋이 그 표어를 고치지 않고 개척 예배를 드렸다. 예상대로 오시는 많은 분들이 그 표어를 보고 웃었고, 축사를 부탁드린 신대원장님께서도 "전도사님이 잘 모르고 적은 것 같은데 양해 부탁드린다."고 점잖게 언급하셨다. 그 순간 나는 얼굴이 화끈거릴 정도로 부끄러웠다. 그리고 깊이 깨달았다. '내가 이해한 진리라도, 다른 사람에게 덕이 되지 않는다면 다시 생

각해 봐야겠구나.'

개척 예배가 끝난 후, 나는 아내의 조언을 받아 그 표어를 '성장하는 교회'로 수정했다. 실패를 통해 '성장하는' 교회라는, 나의 본래 의도를 더 깊고 긍정적인 의미에 담아서 말이다. 지금까지 화평교회의 첫 번째 비전, '성장하는 교회'는 오늘도 아빠 하나님과 주님의 인도하심 가운데, 우리의 수많은 실패와 연약함을 통해 놀랍게 이루어져 가고 있다.

벙어리 냉가슴

목회 여정에서 나를 가장 힘들게 했던 것을 꼽으라면, 그것은 가난이나 외로움이 아니었다. 바로 '벙어리 냉가슴'을 앓아야 하는 순간들이었다. 하나님의 뜻을 따르기 위해, 세상의 지혜와 상식을 거슬러야 할 때, 그 이유를 설명할 수 없어 답답한 가슴을 쳐야만 했던 그 시간들 말이다.

화평교회가 지금의 노회(지역 목회자 연합)에 세워지기까지의 과정이 꼭 그랬다. 나는 원래 재정이 풍성하기로 소문난 다른 노회 소속이었다. 그곳에서 영향력 있는 한 목사님은 나의 든든한 후원자가 되어주시겠다며, 개척을 하면 매달 140만 원을 지원해 주겠다고 약속까지 하셨다. 재정적 어려움 속에 있던 내게는 가

품의 단비와도 같은 제안이었다. '오, 바로 이거지! 이제 꽃길만 걸으면 되는 건가?'

그런데 바로 그때, 하나님께서는 내게 노회를 옮기라고 명령하셨다. 옮겨야 할 노회는 재정 상황이 넉넉지 않은 곳이었다. 이 사실을 알게 된 한 장로님은 나를 답답하다는 듯 쳐다보며 말씀하셨다.

"아니, 우리 노회 같은 큰 노회를 놔두고 왜 그런 작은 노회로 가셨어요. 답답하시네요."

나는 그분의 말을 들으며 아무 대답도 할 수 없었다. 그저 '벙어리 냉가슴'을 앓을 뿐이었다.

비슷한 상황은 계속 이어졌다. 나를 아껴주시던 한 시찰 목사님은 당신의 경험을 나누며 진심으로 나를 권면하셨다.

"내가 개척할 때는 말이야, 수많은 목사님을 찾아뵙고 도와달라고 사정했어. 그래서 많은 후원을 받았지. 지금보다 그때가 재정적으로 훨씬 나았다니까. 내가 교회 몇 군데 이야기해 놓을 테니, 꼭 찾아뵙고 인사드리고 도움을 청하게."

그 따뜻한 조언 앞에서 나는 또다시 벙어리가 되어야 했다. 아빠 하나님께서 화평교회에 세워두신 큰 원칙, "내 교회는 내가 세운다."는 그 음성 때문에, 나는 도움을 청하고 싶어도 청할 수가 없었다. "네, 목사님."이라고 대답만 할 뿐, 한 번도 그 말씀대로 실행에 옮기지 못하는 나 자신이 너무나 답답했다.

그렇게 벙어리 냉가슴을 앓던 어느 날이었다. 시찰 사모님 한

분께서 갑자기 전화를 주셨다. 오늘 노회 여전도회 모임에 가시는데, 화평교회 후원 헌금 신청을 대신 해주시겠다는 것이었다. 나는 서류를 준비해 드리고, 모든 결과를 아버지께 맡긴 채 잊어버렸다. 늘 결과는 아빠의 손에 달려 있음을 경험을 통해 이미 익숙하게 알고 있었기 때문이다.

얼마 후, 후원 헌금이 내 계좌로 입금되었다. 그런데 그와 동시에, 전혀 모르는 분의 이름과 교회 이름이 통장에 함께 찍혀 있는 것을 발견했다. 내 심장이 뛰기 시작했다. '아빠가 또 무슨 일을 행하셨을까?' 너무나 궁금해서, 마침 그 교회 출신인 다른 목사님께 그 권사님에 대해 아시는지 여쭤보았다.

며칠 뒤, 나는 너무나 설레는 마음으로 그 놀라운 이야기의 전말을 듣게 되었다. 그 권사님께서 여전도회 회의에서 후원 헌금 명단을 보실 때, 수많은 교회 이름 중에 '화평교회'와 내 이름이 갑자기 눈에 확 들어오셨다는 것이다. 그래서 여전도회 후원과는 별개로, 개인적으로 헌금을 하고 싶은 강한 마음이 들어 계좌를 적어두셨다가 입금을 하셨다는 것이다.

그때, 아빠가 내게 말씀하셨다.
"내가 말했고, 그가 내 음성을 들었노라."
나는 정말 감격하며 또 눈물을 쏟고 말았다. 나는 지금도 그 권사님의 얼굴을 모른다. 하지만 그분은 오른손이 하는 일을 왼손이 모르게 하라는 예수님의 가르침을 따라, 아무도 모르게 지금까지도 화평교회와 함께하고 계신다.

하나님은 내가 사람에게 도움을 구하기 위해 입을 여는 것을 막으셨고, 그 막힌 입 때문에 답답해하는 '벙어리 냉가슴'의 시간을 허락하셨다. 그리고 바로 그 시간에, 하나님은 당신의 사람에게 친히 말씀하셨고, 그 순종을 통해 당신의 교회를 스스로 세우셨다.

나는 여전히 벙어리 냉가슴 상태로 살아간다. 그러나 이제는 안다. 그 답답함 속에서 일하시는 아빠가 계시니, 그 위로 속에 오늘도 화평을 누리며 감사로 한 걸음을 내디딘다. 우리 예수님도 아버지 앞에서 늘 어린아이로 살아가셨다. 그 사실을 기억하며, 어른의 가식을 벗고 내가 만든 무화과 나뭇잎 치마를 벗어나기를 오늘도 꿈꾼다.

나의 연약함은
주님의 선물이라

돌아보면 내 삶은 실패와 연약함 투성이였다. 꼼꼼하지 못한 성격, 욱하는 기질, 난독증과 ADHD 성향은 늘 나를 괴롭혔다. 그러나 하나님께서는 그 '육체의 가시'가 나를 겸손하게 하고, 매 순간 당신만을 의지하게 만드는 가장 큰 '선물'이었음을 깨닫게 하셨다.

나의 약함은 오히려 하나님의 강하심이 드러나는 통로가 되었다. 또한, 주님의 은혜 안에서 성장의 밑거름이 되었다. 내가 할 수 없었기에, 아빠 하나님께 모든 것을 맡기며 나아가야만 했다. 그분은 나의 연약함을 통해 당신의 능력을 드러내셨고, 나의 부족함을 통해 당신의 풍성함을 채워주셨다. 우리 성도들은 이제

나의 연약함을 자연스럽게 알게 되었고, '목사님은 연약하지만 주의 은혜로 강한 분'이라는 이미지를 갖게 되었다. 약한 자를 들어 강한 자를 부끄럽게 하시는 주님의 은혜를 찬양합니다.

말씀 없는 목사?

　　이 책을 완성하는 마지막 과정에서 한 가지 제안을 받았다. 기독교인 독자를 대상으로 말씀이 들어가야 신뢰를 줄 수 있지 않겠느냐는. 나는 당연한 결론에 이르렀다. '모든 장에 하나님의 말씀을 넣어야 한다.' 이유는 명확했다. 이 책은 기독교 서적이고, 말씀은 살아 있는 하나님의 음성이며, 무엇보다 나는 말씀의 종으로 부름을 받은 목사이기 때문이다. 말씀으로 내 삶을 증명하는 것, 그것이 이 책의 완성이며 정체성이라 믿었다. 그리고 독자들을 위해서 그것이 맞다고 생각했다.

　　각 장에 어울리는 말씀을 넣고, 비로소 완성된 원고를 보며 깊은 만족감을 느꼈다.

바로 그때, 아빠 하나님께서 내게 말을 거셨다.

"다 좋구나. 그런데 너는 목사가 아니냐?"
"네, 아빠. 그래서 말씀을 넣었습니다."
"아니다. 너는 목사이기 때문에 그러면 안 된다."

나는 순간 머리가 멍해졌다. 이해할 수 없는 역설이었다. 아빠의 설명은 이러했다.

"만약 네가 집사였다면, 너의 간증에 말씀이 더해지는 것이 참으로 귀했을 것이다. 하지만 너는 이미 '말씀을 전하는 자'라는 옷을 입고 있지 않느냐? 그런 네가 또다시 말씀의 권위를 앞세워 이야기한다면, 사람들은 무의식적으로 방어 자세를 취할 것이다. '아, 또 설교가 시작되는구나.' 하고 말이다."

그것은 내가 한 번도 생각해 보지 못한 관점이었다.

"그러나 목사인 네가 그 무거운 말씀의 옷을 잠시 벗고, 한 사람의 실패한 인간으로서 벌거벗은 자신의 삶과 상처만을 이야기한다면 어떻게 될까? 사람들은 '설교'를 들을 준비가 아닌, 한 사람의 '이야기'를 들을 준비를 할 것이다. 그리고 바로 그 무방비한 마음의 틈으로, 내가 일했던 흔적들이 더 선명하게 스며들지 않겠느냐?"

나는 그 자리에서 모든 원고를 다시 수정하기 시작했다. 정성껏 찾아 넣었던 모든 성경 구절을 하나씩, 아쉬운 마음으로 덜어냈다.

이제 이 책에는 성경 구절 인용이 거의 없다. 대신, 그 말씀이 내 삶에서 어떻게 '사건'이 되었는지, 어떻게 '기적'이 되었는지에 대한 이야기만 남았다. 부디 이 서툰 이야기가 여러분의 마음에 더 깊은 울림으로 다가가기를, 그리고 그 안에서 일하시는 '아빠의 목소리'를 듣게 되기를 간절히 소망한다.

보지 않고
믿는 자들의 헌신

이 책의 원고가 어느 정도 모습을 갖추어 갈 무렵, 나는 출판이라는 거대한 벽 앞에 서 있었다. 혼자서 책 디자인에 머리를 싸매고 씨름하다 지쳐갈 때쯤, 우리 교회 김성도님의 소개로 출판사와 연결되었다. '아, 이 또한 아빠의 신호이시구나.' 나는 한 걸음씩 그 인도하심을 따라가기로 했다.

그런데 막상 이야기를 나눠보니 종이책이 아닌 전자책 전문 출판사였다. 순간 당황했지만, 설명을 들을수록 고개가 끄덕여졌다. 먼저 전자책으로 독자들의 반응을 보고 종이책을 결정하는 것이 비용 면에서 훨씬 유리하다는 것이었다. 디자인부터 교정, 마케팅까지 도와준다는 말에, 1인 출판을 고민하며 막막해하던 내게는 가뭄의 단비 같은 제안이었다. 나는 이것이 아빠의 인도하심이라 확신했다.

모든 것이 순조롭게 풀리는 듯했다. 바로 그때, 예상치 못한 거대한 장벽이 나타났다.

"목사님, 이 책은 기독교 서적이니, 국내 최대 기독교 출판 플랫폼에 반드시 올라가야 판매가 됩니다. 그런데 알아보니, 그 플랫폼은 자신들이 직접 출간한 종이책의 전자책만 올려준다고 하네요."

결국 돌고 돌아 다시 원점이었다. 종이책 출판. 출판사에서는 그 플랫폼을 통해 종이책을 내려면, 원고가 통과된다는 전제하에 최소 300권, 약 300만 원의 초기 인쇄 비용이 필요하다고 했다.

예상치 못한 일에 무척 당황스러웠다. 비용 문제 때문에 전자책으로 방향을 틀었던 내게, '300만 원'이라는 숫자는 사형선고나 다름없었다. 내 곤란한 마음을 읽은 출판사 대표님은 한 가지 방법을 제안했다. 책이 나오기 전, 후원자들을 미리 모아 책값을 선결제받는 크라우드 펀딩 방식이었다. 나는 안도의 한숨을 내쉬었다. 시간이 걸리더라도 방법이 있다는 사실만으로도 감사했다.

그런데 아빠의 계획은 내 생각보다 훨씬 빠르고 위대했다.

바로 그다음 날이었다. 그동안 한 번도 얼굴을 뵌 적 없이, 그저 기도로, 물질로 묵묵히 화평교회를 섬겨주시던 그 권사님께 문자 한 통이 도착했다.

목사님, 오늘 제가 여행 가려고 들어놓은 곗돈을 타게 되었어요. 그런데 돈을 받자마자 왠지 목사님 책 인쇄비에 보태드려야 한다는 마음이 강하게 들어서요. 아주 조금이라 부끄럽지만, 보내드립니다.

나는 핸드폰 화면을 붙잡고 또 눈물을 흘렸다. 그 순간, 내 마음속에 아빠의 음성이 울렸다.

"내가 말했고, 그가 들었노라."

너무나 감격스러운 마음에, 나는 이 기쁨을 우리 교회 김성도 님(아들 친구의 어머니)과 나누었다. 그런데 다음 날, 김성도 님에게서 전화가 걸려 왔다.

"목사님, 어제 이야기 듣고 저도 큰 감동을 받았어요. 저도 이 책을 위해 꼭 돕고 싶었는데… 혹시 그 권사님께서 얼마를 보내셨는지 알 수 있을까요? 나머지 금액은 제가 전부 채워드리고 싶어요. 하나님 하시는 일에 저도 동참하고 싶습니다."

그때까지 나는 감격에 젖어 통장을 확인해 볼 생각조차 못 하고 있었다. 설레는 마음으로 앱을 열어 입금 내역을 확인하는 순간, 나는 내 눈을 의심했다. 뒤통수를 한 대 세게 맞은듯한 충격이었다. 권사님께서 '아주 조금이라 부끄럽다.'고 하셔서 예상조차 못 했던 금액. 통장에는 선명하게 '1,000,000원'이 찍혀 있었다.

나는 잠시 입을 다물지 못했다. 그리고 조용히 나 자신에게 물었다. '나라면… 얼굴도 모르는 사람을 위해, 여행 가려던 곗돈 100만 원을 이렇게 보낼 수 있었을까?' 부끄럽지만, 내 대답은 '아니오.'였다. 그때, 주님의 말씀이 떠올랐다.

"보지 못하고 믿는 자들은 복되도다." (요한복음 20:29)

아, 나는 기적을 보고서야 겨우 믿는 도마 같은 믿음이지만, 권사님은 보지 않고도, 그저 아빠의 음성 하나에 순종하는 믿음을 사시는 분이구나. 그 깊은 신앙 앞에 존경과 부러움, 그리고 깊은 도전이 밀려왔다.

이 일련의 사건들을 통해, 그동안 내 마음 한편에 희미하게 남아 있던 '과연 이 책이 나오는 게 맞을까?' 하는 의심과 불안은 눈 녹듯 사라졌다. 이 책은 내가 쓰는 것이 아니었다. 아빠께서 친히 계획하시고, 보지 않고도 믿는 당신의 사람들을 통해 친히 만들어 가고 계셨다. 이제 내게 남은 것은, 그저 순종하며 이 위대한 이야기의 마지막 마침표를 찍는 것뿐이었다.

신비주의와
최고의 디자이너

하루 전에 있었던 일이다. 나는 〈말씀 없는 목사?〉라는, 이 책의 정체성을 담은 마지막 글을 완성하고 안도하고 있었다. 그리고 얼마 전, 책에 성경 구절을 넣는 것이 어떻겠냐고 조언해 주었던 분께 그 글을 보내드렸다. 잠시 후, 그분께서는 내 글이 자칫 '신비주의'라는 오해를 살 수 있을까 염려되어 드린 말씀이었다고 전해왔다.

처음엔 '아, 그럴 수 있겠구나.' 하고 수긍했다. 나 역시 늘 스스로를 의심하는 사람이기 때문이다. 하지만 바로 그 순간, 내 안에서 아빠의 음성이 들려왔다.

"그럴 수 있지만, 그럴 수 없다."

역설적인 말씀이었다. 나는 되물었다. "아빠, 그게 무슨 뜻인가요?"

아빠의 설명은 단호했다. "그 말은 사랑에서 나온 염려일 수 있다. 그러나 나의 아들아, 그 마음에는 이미 너의 글에 대한 판단이 들어갔다. 나의 일하는 방식을 온전히 신뢰하지 못하는 마음으로는, 이 책이 세상에 나아가는 것을 온전히 도울 수 없다. 이 만남은 그에게도 기회였지만, 그 기회는 이제 지나갔다."

그러고는 주님의 말씀을 생각나게 하셨다.

'열매를 보면 그 나무를 안다. 나더러 주여, 주여 하는 자마다 다 천국에 들어갈 것이 아니요, 내 아버지의 뜻대로 행하는 자라야 들어가리라. 만일 내가 내 아버지의 일을 행하지 아니하거든 나를 믿지 말라. 그러나 내가 행하거든 나를 믿지 아니할지라도 그 일은 믿으라.'

음성은 내 마음속에서 질문으로 이어졌다.

'이 책 안의 어느 내용이 생명과 사랑이라는 내 아버지의 뜻에서 벗어남이 있더냐? 말씀 구절이 문자적으로 들어가야만 나의

뜻이라고 생각하느냐?'

내 마음은 무너져 내렸다. 디자인 작업으로 막막했던 내게 그분은 광야에서 만난 구세주와도 같았기 때문이다. 이제 와서 이 관계를 끊으라니, 당장 이 책을 어떻게 완성해야 할지 다시 눈앞이 캄캄해졌다. 사람과의 관계를 지키고픈 마음, 이상한 사람으로 비치기 싫은 내 체면이 하나님의 뜻 앞에서 심하게 요동쳤다.

하지만 아빠는 약속했다. "너에게는 다음 기회가 주어질 것이다."

나는 반신반의하며, 몇 시간이고 붙잡아도 풀리지 않아 막혀 있던 내지 디자인에 다시 손을 댔다. 그런데 놀랍게도, 그토록 어렵던 작업이 물 흐르듯 풀리며 몇 시간 만에 완성되었다. 순종 뒤에 맺힌 첫 열매였다.

하지만 진짜 문제는 표지였다. 내지 디자인은 기적적으로 완성했지만, 책의 얼굴이 될 표지는 여전히 백지로 남아 나를 막막하게 했다. "아빠, 약속하신 다음 기회는 어디에 있나요?"

책 표지 문제로 기도하던 바로 그 순간이었다. 며칠 전 교수님의 부탁으로 논문 상담을 하게 된 사모님에게서 문자가 도착했다. 지난겨울 어떤 일로 만난 뒤 깊은 인상을 받아 내내 기억에 남았던 분인데, 바로 어제도 그분과 논문 이야기를 문자로 주고받았던 참이었다. 어제 보낸 내 문자에 대한 답장이, 하필이면 내가 책 문제로 기도하던 이 아침에 도착한 것이었다.

우리는 문자로 논문에 대해 이런저런 이야기를 나누다 자연스럽게 내 책에 대한 이야기로 넘어갔다. 책의 내용과 표지 시안을 보내드렸을 때, 상상도 못 한 일이 일어났다.

"목사님, 제가 이 책의 표지를 만들어 드려도 될까요?"

알고 보니 사모님께서는 디자인에 뛰어난 재능이 있으실 뿐만 아니라, 이미 책 표지 작업을 해보신 경험까지 있는 분이었다. 내가 사람의 문을 닫는 순종을 했을 때, 하나님께서는 이미 하늘의 문을 열어놓고 기다리고 있었던 것이다. 약속된 '다음 기회'는 내가 전혀 예상치 못한 모습으로, 그러나 가장 완벽한 모습으로 이미 내 앞에 와 있었다.

나는 또 한 번 감격의 눈물을 흘릴 수밖에 없었다.

나는 여전히 오해받는 것이 두렵고, 갈등보다는 조용한 것을 선호하는 '소심한 신비주의자'일 뿐이다. 하지만 아빠의 인도하심은 종종 나를 그 안전한 동굴 밖으로 이끌어 내어, 내가 상상하지 못한 길 위에 세운다. 책의 마지막을 앞두고 가장 완벽한 디자이너를 예비하심으로 이 모든 과정을 화려하게 장식하신 우리 아빠 하나님. 그분의 선하심 하나를 믿고, 나는 오늘도 찬양과 감사함으로 위태로운 한 걸음을 내디딘다.

에필로그

이제 당신의 삶에서
아빠의 신호를 발견할 차례입니다

이 긴 여정의 마지막 페이지까지 함께 걸어와 주신 독자 여러분께 깊은 감사를 드립니다.

책을 덮으며 어쩌면 이런 질문이 남을지 모릅니다. '이것이 정말일까? 어떻게 하나님의 음성을 들을 수 있다는 말인가?' 그 마음을 저 또한 충분히 이해합니다. 사실 그 질문은 지난 수년간, 그리고 오늘 이 순간에도 제가 저 자신에게 가장 많이 던지는 질문이기 때문입니다. '이건 나의 착각일까? 나의 욕심을 그럴듯하게 합리화하는 것은 아닐까?'

그 수많은 의심 속에서 제가 붙잡을 수 있었던 유일한 기준은, 제 삶에 맺힌 '열매'였습니다. 본래의 저라면 결코 할 수 없었고, 해서도 이득이 없던 선택들이었습니다. 참지 못하는 제가 기다림을 배우고, 용서 못 하던 제가 먼저 화평을 청하고, 사람을 두려워하던 제가 상처 입은 영혼에게 다가갔던 순간들. 예수님께서는 "열매를 보아 그 나무를 안다."고 하셨습니다. 제 힘으로는 도저히 맺을 수 없었던 그 열매들이야말로, 이 모든 이야기가 저의 것이 아닌 '아빠의 이야기'라는 유일한 증거였습니다.

그렇습니다. 서두에 말씀드렸듯, 이것은 실패한 저의 이야기가 아닌, 저를 포기하지 않으신 '아빠의 이야기'입니다. 실패투성이 아들을 마침내 당신의 사람으로 빚어가시는 한결같은 사랑의 기록이며, 화평교회를 세우셨듯이 길 잃었던 저 한 사람을 다시 세우신 일하심의 기록입니다.

이 책은 어떤 신비주의나 특별한 능력을 증명하기 위한 글이 아닙니다. 오히려 눈에 보이지 않지만 실재하심을 믿고, 아직 이루어지지 않았지만 이루실 것을 소망하는 '믿음'이라는 위대한 신비에 관한 저의 솔직한 고백입니다.

왜 저에게 이런 많은 일이 일어날까요?

이 길고도 짧은 저의 이야기를 모두 읽으신 여러분의 마음속에, 어쩌면 이런 질문 하나가 떠오를지 모르겠습니다. 많은 분들이 제게 던졌던 질문이기도 합니다.

"목사님은 어떻게 그렇게 드라마 같은 하나님의 일하심을 자주, 그리고 강력하게 경험하시나요? 무언가 특별한 비결이라도 있으신가요?"

그럴 때마다 저는 조금은 쑥스러운 미소와 함께 이렇게 대답하곤 합니다.

"아마… 제가 너무 약해서 그럴 겁니다."

저는 이 말이 빈말이나 겸손의 표현이 아님을 고백하고 싶습니다. 저는 타작마당에 숨어 하나님의 부르심을 의심하던 기드온처럼, "정말 하나님이 보내시는 것이 맞나요?"라며 양털 뭉치를 내밀어야만 겨우 안심하는 사람입니다. 저는 부활하신 예수님을 눈앞에 두고도 "그 상처를 직접 만져보아야만 믿겠습니다."라고 버티던 도마와 같은 사람입니다.

한 걸음을 내디딜 때마다 의심하고, 작은 바람에도 두려워하는 못난 아들이기에, 아빠 하나님께서는 다른 이들에게는 필요 없을지 모를 '신호'들을 제 삶 곳곳에 박아두셔야만 했던 것입니다.

제 삶에 나타난 수많은 기적들은, 저의 믿음이 특별하다는 훈장이 아닙니다. 오히려, 이 연약한 아들이 길에서 넘어질까 봐, 엉뚱한 길로 들어설까 봐 한 걸음 한 걸음마다 손잡아 일으켜 주시는 아빠 하나님의 세심한 '배려'이자 '긴급 처방'에 가깝습니다. 그분은 제가 당신의 손길 없이는 단 하루도 바로 설 수 없는 존재임을 누구보다 잘 알고 계십니다.

그래서 저는 오늘도 이렇게 고백할 수밖에 없습니다.

"믿음이 좋아서가 아니라, 믿음이 너무나 없어서입니다. 아빠가 그렇게까지 해주시지 않으면, 제가 도무지 믿지 못할 것을 아시기에, 저를 위해 특별 과외를 해주고 계신 겁니다. 그러니 이 모든 이야기는 제가 잘났다는 증거가 아니라, 제가 지독히도 연약하다는 가장 확실한 증거입니다."

혹시 지금 여러분도 자신의 연약함과 부족함 때문에 낙심하고 계십니까? 괜찮습니다. 기뻐하십시오. 바로 그 연약함이야말로, 우리 아빠 하나님의 가장 위대하고 놀라운 역사가 시작되는 최고의 출발점이니까요. 여러분의 약함 속에서, 아빠의 강하심이 가장 찬란하게 빛나게 될 것입니다.

저의 이야기는 여기서 끝이 나지만, 아빠의 이야기는 지금도 계속되고 있습니다. 아빠는 지금도 늘 제게 말씀하십니다.

"너는 내 사랑하는, 내가 세운 화평의 아들이다. 네가 밟는 그 땅이 하나님 나라이자 화평교회가 될 것이다. 너는 강하고 담대하라. 내가 세상 끝날까지 항상 너와 함께할 것이다."

저는 믿고 소망합니다. 저의 삶이라는 도화지에 이토록 놀라운 그림을 그리신 아빠 하나님께서, 지금 이 글을 읽는 여러분의 삶 위에도 가장 아름다운 그림을 그리고 계심을 말입니다.

이제, 여러분의 삶에서 '아빠의 신호'를 발견할 차례입니다.

저의 모든 신앙 경험의 정수를 담은 제가 만든 찬양의 가사로 이 책을 마무리하려 합니다. 여러분의 삶의 여정 속에서 때로는 위로가 되고, 때로는 용기가 되기를 소망합니다.

<지금 여기 주님을 느껴요>

지금 여기 주님을 느껴요
주님은 나의 길 되어주시네
지혜와 명철로 인도하시며
오늘도 안전함을 누리네

주님은 나의 소망, 나의 빛
주님은 나의 길, 나의 생명
연약함 속에 드러난 온전함
그 사랑 안에 평화 누리네

불안하고 방황할 때 많아도
실수 속에 감사함을 배우네
연약함은 주님의 선물이라
온전하신 주님을 꿈꾸네

날마다 주 인도하심 구하며
감사로 채워지는 나의 삶
연약함을 온전함으로 채우시며
주님은 나를 이끄시네

그 사랑 안에 꿈을 꾸며
주님 안에 평화를 누리네
그 사랑 안에 꿈을 꾸며
주님 안에 평화를 누리네

내가 만난
아빠 하나님

초판 1쇄 발행   2025. 7. 31.

지은이 김진석
펴낸이 김병호
펴낸곳 주식회사 바른북스

편집진행 김재영
디자인 최다빈

등록 2019년 4월 3일 제2019-000040호
주소 서울시 성동구 연무장5길 9-16, 301호 (성수동2가, 블루스톤타워)
대표전화 070-7857-9719 | **경영지원** 02-3409-9719 | **팩스** 070-7610-9820

•바른북스는 여러분의 다양한 아이디어와 원고 투고를 설레는 마음으로 기다리고 있습니다.

이메일 barunbooks21@naver.com | **원고투고** barunbooks21@naver.com
홈페이지 www.barunbooks.com | **공식 블로그** blog.naver.com/barunbooks7
공식 포스트 post.naver.com/barunbooks7 | **페이스북** facebook.com/barunbooks7

ⓒ 김진석, 2025
ISBN 979-11-7263-504-6 03230

•파본이나 잘못된 책은 구입하신 곳에서 교환해드립니다.
•이 책은 저작권법에 따라 보호를 받는 저작물이므로 무단전재 및 복제를 금지하며,
이 책 내용의 전부 및 일부를 이용하려면 반드시 저작권자와 도서출판 바른북스의 서면동의를 받아야 합니다.